Faire ses pains

Aglaé Blin

Faire ses pains

Éditions Rustica

Dépôt légal : septembre 2004
ISBN : 2-84038-627-5
N° d'éditeur : 48355N1

Deuxième édition : septembre 2004
Deuxième tirage : janvier 2006

Sommaire

Avant-propos

Pourquoi faire son pain à la maison ? Serait-ce le bonheur de créer ou celui de renouer avec les traditions ancestrales ? Sans doute un peu des deux.

Il y a de la magie dans tous ces gestes inlassablement répétés : le mélange des ingrédients, le pétrissage suivi d'une première pousse (la pâte à pain est bel et bien vivante puisqu'elle gonfle comme si elle respirait), le façonnage et enfin la cuisson.

Que celles et ceux qui débutent ne baissent pas les bras à la lecture de ces quelques lignes. En fait, vous devez disposer d'un peu de temps... Oui... Il ne faut pas être pressé : on s'en va, on revient, on oublie son pain pour de bon quand soudain, un délicieux parfum de pain qui cuit flotte dans l'air et vous ramène dans la cuisine.

Pour réussir son pain, il faut avant tout y mettre son cœur. On ne parlera jamais d'un pain « raté », on dira peut-être qu'il est lourd, pas assez cuit ou au contraire un peu brûlé. Mais l'expérience et le savoir-faire aidant, il prendra vite la forme dont vous avez rêvé pour lui : pain simple comme celui que vous appréciez tant chez le boulanger, pain enrichi pour varier les saveurs à l'infini, pain du terroir et pain d'ailleurs pour voyager dans votre cuisine ou pain tout fou pour le plaisir de casser la routine.

Il n'y a pas d'âge pour mettre la main à la pâte. Les petits et les grands seront heureux de réaliser leur pain, cette nourriture universelle que tout le monde aime et respecte depuis la nuit des temps.

Les ingrédients et les techniques

Les ingrédients de base

Pour faire du pain, il faut de la **farine**, de l'**eau**, de la **levure** ou du **levain** et du **sel**. En ce qui concerne la farine, il en existe une dizaine de variétés : de quoi diversifier la fabrication du pain et satisfaire les goûts de chacun.

Les farines

La farine de blé tendre

Composée d'**amidon**, de **gluten** et de **matières minérales**, la farine de blé est indissociable de la fabrication du pain. C'est en effet par sa richesse en gluten (un élément protéique permettant la fermentation de la pâte) qu'elle offre la promesse d'un pain à la mie bien alvéolée. Si d'autres farines entrent dans la composition du pain, seule la farine de blé donne au pain sa légèreté.

Il existe différents types de farine de blé, classés selon leur teneur en matières minérales. La **farine type 55** est la plus courante et permet de réaliser un grand nombre de pains. Elle est faite avec l'amande du grain de blé et une partie du germe.

La **farine complète (type 150)** contient 95 % du grain entier, germe et son compris : vous obtiendrez un pain riche en fibres à la mie dense.

D'autres types de farine sont facilement disponibles dans le commerce, y compris dans la plupart des grandes surfaces, telle la farine type 65, type 80 ou type 110, ce qui permet de varier le goût et l'aspect du pain. La farine type 45, la plus pure et la plus

La farine « bio »

Certains penseront bien faire en achetant de la farine de culture d'origine biologique. J'éviterai de me prononcer sur ce sujet. La mode du « bio » a pris tant d'ampleur que les contrôles de qualité mis en place ne suivront peut-être pas toujours cette rapide évolution. Pour cette raison, vous ne trouverez pas de pain au son dans cet ouvrage : le son, enveloppe du grain de blé, retient tous les pesticides et le son d'origine biologique n'est pas en soi une garantie.

fine de toutes, est davantage destinée à la préparation des viennoiseries et des pâtisseries.

Certaines farines de blé sont connues pour leur qualité spécifique. Comme par exemple la **farine de gruau** : c'est la championne de la panification. Elle est obtenue avec des blés à haute teneur en protéines qui vous permettront de réaliser un pain très aéré et savoureux.

La **farine « fleur »** est faite exclusivement avec l'amande du grain de blé.

La farine de seigle

Comme le blé, le seigle est une céréale de la famille des Graminées. Pauvre en gluten, la farine de seigle donne un pain lourd et compact. Il est préférable de la mélanger à la farine de blé.

La farine d'épeautre

La farine d'épeautre est issue d'une variété de blé très ancienne aux grains plus petits et très durs. Naturellement riche en gluten, elle donne des pains au goût marqué.

La farine de kamut

Ancêtre du blé, le kamut est à nouveau cultivé depuis quelques années. Sa farine vous promet un pain à la fois goûteux et rustique.

La farine d'orge

L'orge était utilisée autrefois lorsque le blé venait à manquer. Pauvre en gluten, la farine d'orge est souvent mélangée à de la farine de blé.

La farine de maïs

La farine de maïs ne développe aucun gluten à la cuisson. Elle est donc particulièrement appréciée dans les régimes sans gluten. De couleur jaune, il ne faut en aucun cas la confondre avec la semoule de maïs (servant à faire la polenta) ou bien encore avec la fécule de maïs, une poudre blanche servant à la liaison des sauces.

La farine de châtaigne

Dépourvue de gluten, la farine de châtaigne se mélange à de la farine de blé pour obtenir des pains rustiques d'origine corse ou italienne.

La farine de soja

Très pauvre en amidon et particulièrement riche en protéines, la farine de soja est utilisée en mélange avec de la farine de blé pour des pains à la fois nourrissants et légers dont la croûte fine dorera rapidement.

La farine de sarrasin

Appelé aussi blé noir, le sarrasin appartient à la famille des Polygonacées. La farine de sarrasin est souvent utilisée pour fabriquer des galettes et des blinis, mais elle entre parfois dans la composition des pains qui auront un aspect noir, lourd, à la saveur légèrement amère.

La farine d'avoine

La farine d'avoine ne contient pas de gluten mais donne bon goût à certains pains. Les flocons d'avoine entrent aussi dans la composition de nombreuses recettes.

La farine de pois chiches

Appelée « socca » dans la région de Nice, elle sert à la confection de panisses, de succulentes galettes frites à l'huile d'olive.

L'eau

C'est l'eau qui permet aux ferments de se développer. En hydratant la farine, elle permet à l'amidon de gonfler et au gluten de s'assouplir en devenant élastique. Elle ne doit être ni trop calcaire ni trop douce (la pâte serait collante). La température de l'eau influe considérablement sur le temps de fermentation. Vous devez veiller à ce qu'elle soit tiède (autour de 28 °C) pour obtenir les meilleurs résultats. En été, s'il fait chaud, elle peut être un peu plus froide (autour de 25 °C). Si elle est trop chaude (plus de 40 °C), la pâte ne lèvera pas et si elle est froide (autour de 10 °C), la pâte mettra 12 heures à lever.

La levure

Fabriquée à base de **mélasse** (résidu du sucre de betterave), la levure est formée de **champignons microscopiques** d'origine naturelle qui font lever la pâte.

Lorsqu'elle est fraîche, elle donne au pain une saveur soutenue. De couleur beige clair et de consistance friable, elle est sensible à l'air ainsi qu'à la chaleur. Elle se conserve quelques jours seulement bien emballée dans un sac en plastique dans la porte

du réfrigérateur à une température comprise entre 4 et 6 °C. Pour qu'elle garde ses propriétés, il est important de la sortir juste au moment de l'emploi et de la remettre au frais très rapidement. Elle peut aussi être congelée afin de se conserver plusieurs mois. Il suffit alors de la laisser décongeler quelques heures au réfrigérateur avant de l'utiliser. Comptez alors quelques grammes supplémentaires dans la pâte.

La **levure fraîche** s'achète dans presque toutes les boulangeries sous la forme d'un petit bloc compact de 42 g.

La **levure sèche de boulanger** est disponible dans les épiceries et grandes surfaces et possède le grand avantage de se conserver plusieurs mois dans un endroit sec. Présentée en sachet sous forme de paillettes ou de grains déshydratés, elle retrouve ses propriétés fermentatives au contact de l'eau. Il est donc toujours conseillé de la laisser reposer 10 minutes dans une petite quantité de liquide avant de l'incorporer à la pâte. Il faut compter une proportion d'environ moitié moindre qu'avec de la levure fraîche. Les pains réalisés avec de la levure sèche ont une saveur un peu moins marquée que ceux réalisés avec de la levure fraîche mais le résultat est néanmoins très honorable.

Le levain

La réalisation d'un levain demande un peu de patience. La façon la plus simple de le réaliser est de prélever un morceau de pâte à pain avant d'y incorporer le sel. Cette portion de pâte est appelée **« chef »**. On laisse pousser ce chef dans une terrine couverte d'un torchon humide pendant 12 heures environ à une température comprise entre 15 et 20 °C. On rafraîchit alors le chef en y ajoutant 40 % d'eau et 60 % de farine. On laisse fermenter encore 12 heures puis on utilise ce levain en l'incorporant dans la pâte à pain composée de quatre volumes de farine pour un volume de levain, soit 250 g de levain pour 1 kg de farine. On prélève un nouveau chef en vue de la prochaine fournée que l'on réserve dans le bas du réfrigérateur. Le sel n'est ajouté qu'au moment du pétrissage.

Sans adjonction de levure, la réalisation d'un levain exige une certaine maîtrise. Il peut être obtenu par extraction du jus de quelques vieilles pommes, d'un fond de cidre non pasteurisé ou de bière. On mélange le liquide avec suffisamment de farine de blé ou de seigle pour obtenir une petite pâte mollette. On laisse pousser pendant 24 heures sous couvert dans un endroit frais (12 à 18 °C) puis on rafraîchit ce levain en ajoutant de la farine et de l'eau toutes les 4 heures, trois fois au minimum. Il est prêt à être utilisé dès qu'une épaisse couche de mousse recouvre sa surface et qu'une puissante odeur aigre se dégage. S'il fait frais, il est conseillé d'ajouter quelques grammes de levure. Il existe également dans les épiceries de produits naturels des levains prêts à l'emploi présentés en sachets.

Le sel

Le sel joue un rôle indispensable dans la panification. C'est lui qui donne du corps à la pâte, révèle au pain sa saveur et aide à la formation d'une belle croûte dorée à la cuisson.

Préférez toujours le **sel de mer** et veillez à ce qu'il soit bien sec. En règle générale, le **gros sel** se dissout séparément dans un peu d'eau tiède avant d'être ajouté à la pâte. Le **sel fin**, lui, est incorporé de préférence en cours de pétrissage. Il ne doit jamais être en contact direct avec la levure qui perdrait alors toutes ses propriétés.

La quantité de sel généralement utilisée est de 2 % par rapport à la quantité de farine, soit 10 g de sel pour 500 g de farine. Sachez qu'une cuillerée à café rase contient 5 g de sel.

Certains pains, comme le pain de Toscane (p. 77), ne contiennent pratiquement pas de sel, mais il s'agit de spécialités locales liées à l'histoire et aux traditions d'un pays ou d'une région.

Les techniques de base

Voici quelques données qui guideront les débutants. Mais il ne s'agit que de conseils très généraux, les méthodes pouvant être différentes selon la recette choisie.

La préparation de la pâte

La farine est versée en tas sur le plan de travail. On y creuse un puits dans lequel on ajoute de l'eau. Le mélange se fait du bout des doigts en incorporant peu à peu la farine. On écrase alors ce mélange avec la paume de la main afin que tous les ingrédients s'amalgament de façon homogène pour former une pâte. La levure puis le sel sont incorporés au cours de ce mélange. Mais attention, le sel ne doit jamais être en contact direct avec la levure car elle perdrait ses propriétés. La pâte peut bien sûr être réalisée au robot-mixeur en actionnant l'appareil par vitesse intermittente.

Le pétrissage

Il s'agit d'emprisonner de l'air dans la pâte afin de lui donner du corps et de l'élasticité. Cette étape est importante car l'aspect et le goût du pain dépendent de la bonne conduite du pétrissage. L'action se déroule ainsi :

- La pâte est projetée avec force sur le plan de travail cinq à huit fois. Si la masse est importante (plus de 2 kg), il est indispensable de la diviser.
- La pâte rendue homogène est étirée dans le sens de la hauteur avec les deux mains puis repliée sur elle-même dans un geste rapide et vif. On recommence jusqu'à ce que la pâte exprime des bulles d'air. La durée du pétrissage est variable. Pour savoir si la pâte est prête à lever, elle doit se détacher du plan de travail, être souple, élastique, lisse et brillante. On compte 10 à 12 minutes pour une pétrissée de 1 kg. La pâte est alors ramassée en boule que l'on saupoudre de farine.

Si la pâte est pétrie au robot équipé d'un crochet pétrisseur, l'appareil doit fonctionner à petite vitesse. La pâte est prête lorsqu'elle est lisse, brillante et souple. Mais une pâte trop travaillée a tendance à se défaire. Par précaution, dès que la pâte est homogène, mieux vaut la mettre sur le plan de travail et finir de la pétrir à la main pendant 1 à 2 minutes.

1. Mettez la farine en tas sur le plan de travail. Creusez un puits et versez-y progressivement l'eau.

2. Mélangez du bout des doigts en incorporant peu à peu la farine. Ajoutez la levure, mélangez puis incorporez le sel.

3. Terminez le mélange afin que les ingrédients s'amalgament et forment une pâte.

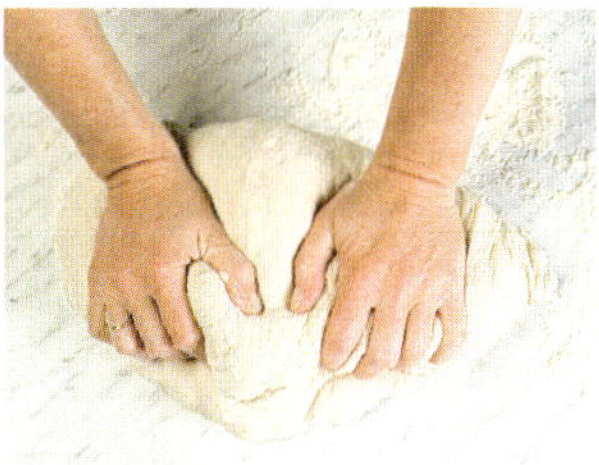

4. Pétrissez la pâte en la projetant avec vigueur sur le plan de travail cinq à huit fois de suite.

5. Étirez la pâte en hauteur puis repliez-la sur elle-même dans un geste rapide et vif.

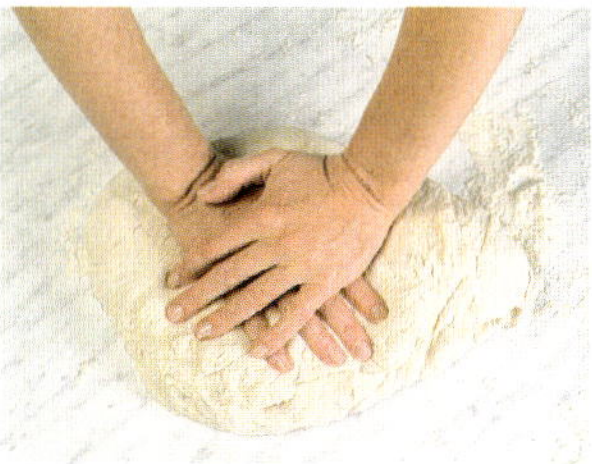

6. Recommencez jusqu'à ce que la pâte exprime des bulles d'air et qu'elle soit souple et lisse.

La première fermentation

À la fin du pétrissage, la pâte est mise au repos bien à l'abri des courants d'air. Pour cela, elle est ramassée en boule dans un saladier recouvert d'un torchon humide afin que la surface de la pâte ne croûte pas. La durée de fermentation dépend de la température ambiante. Plus il fait chaud, plus la pâte lève vite. Dans une pièce dont la température est voisine de 20 °C, elle lève en 3 heures. Dans un endroit tiède autour de 25 °C, le temps de pousse dure environ 1 heure 30. Pour gagner encore du temps, on peut faire lever la pâte à l'entrée du four préchauffé, porte ouverte ou la placer sous des spots lumineux. Plus la pâte lève lentement, plus le pain se conserve longtemps. En fin de fermentation, la masse doit avoir doublé de volume.

La coupe

À l'aide d'un couteau ou d'une spatule de boulanger, on divise la pâte selon le nombre de pains désirés. Les portions de pâte s'appellent des **pâtons**.

Le façonnage

Chaque pâton est replié sur lui-même plusieurs fois afin d'exprimer l'air. La pâte doit retomber et retrouver son volume de départ. Le pâton est ensuite façonné à la forme désirée. Il est placé soit sur une plaque graissée, soit dans un panier tapissé de toile farinée, soit dans un moule légèrement graissé.

La deuxième fermentation

Le pâton est à nouveau recouvert d'un torchon humide avant de lever une deuxième fois avant la cuisson. Cette deuxième fermentation est généralement plus courte que la première, la pâte devant dépasser légèrement du panier ou du moule avant d'être enfournée. Il est prudent de surveiller que la pâte ne lève pas trop. Si elle déborde, il suffit de couper l'excédent avec des ciseaux. Pour réussir des pains non moulés, il est très important qu'il n'y ait aucune variation de température pendant cette deuxième fermentation.

La cuisson

Si le pâton a levé dans un panier, on le retourne sur une plaque. Il faut alors retirer le panier en écartant légèrement l'osier. Au moment d'enfourner, le pain est presque toujours **« signé »** : il s'agit d'entailler la surface de la pâte avec un cutter ou avec la lame d'un couteau pour que le pain n'éclate pas en plusieurs endroits au début de la cuisson. Selon la forme du pain, la signature peut être une croix, des traits obliques ou encore des becs réalisés avec une paire de ciseaux.

La pâte effectuant une ultime poussée dès sa mise au four, il faut que celui-ci soit bien chaud en début de cuisson. En règle générale, les petits pains cuisent au milieu du four, les plus gros dans le bas du four. Pour une croûte fine et bien dorée, il est recommandé d'enfourner un récipient rempli d'eau en début de cuisson (les fours de boulanger actuels ont un système de vaporisation). Sous l'effet de la chaleur, l'eau se met à bouillir et la vapeur dégagée permet au pain de cuire sans se dessécher. Après un petit quart d'heure à forte chaleur (entre 230 et 250 °C), il convient de baisser la température du four (entre 180 et 210 °C). La durée de cuisson dépend du poids et de la forme du pain. Pour savoir s'il est cuit, tapez du doigt le dessous du pain : il doit sonner creux. Le pain est alors retiré du four puis mis à refroidir sur une grille ou sur un torchon sec. Les pains moulés sont démoulés dans les minutes qui suivent leur sortie du four et toujours avant refroidissement. Il est recommandé d'attendre quelques heures avant de couper le pain en tranches.

Les pains simples

Temps de fermentation :
3 h

Préparation :
45 min

Cuisson :
20 min

Pour 4 petites baguettes

- **500 g de farine de blé type 55**
- **15 g de levure fraîche ou 1 sachet de levure sèche de boulanger (8 g)**
- **30 cl d'eau tiède**
- **10 g de sel fin**

Baguette

Parisienne par excellence, c'est toujours la baguette qui fait la réputation d'un boulanger. Faite maison, elle en aura la forme et le goût mais ne sera pas plus longue que la plaque de cuisson de votre four.

- Versez la farine en tas sur le plan de travail. Creusez un puits. Versez-y l'eau tiède. Mélangez du bout des doigts en incorporant peu à peu la farine. Amalgamez la pâte. Ramassez-la en boule. Mettez-la dans un saladier. Couvrez d'un torchon humide. Laissez reposer 15 minutes.
- Dans un bol, délayez la levure dans 2 cuillerées à soupe d'eau tiède. Laissez fermenter 10 minutes puis incorporez-la à la pâte. Pétrissez-la 5 minutes. Ajoutez le sel. Continuez à pétrir la pâte jusqu'à ce qu'elle soit souple et lisse. Ramassez à nouveau en boule puis mettez-la dans un saladier. Couvrez d'un linge humide. Laissez lever 1 heure 30 dans un endroit tiède (25 °C) : la pâte doit doubler de volume.
- Retravaillez la pâte sur le plan de travail en la repliant plusieurs fois sur elle-même. Divisez-la en 4 pâtons. Laissez reposer 15 minutes.
- Allongez chaque pâton en petite baguette de la longueur de la plaque de cuisson. Déposez-les sur la plaque en les espaçant, côté pliure en dessous. Couvrez d'un torchon humide et laissez lever encore 1 heure.
- Préchauffez le four à 240 °C (th. 8). Enfournez un plat rempli d'eau chaude.
- Faites des entailles en diagonale sur le dessus de chaque baguette avec un cutter ou la lame d'un couteau. Enfournez-les et faites-les cuire pendant 20 minutes. Au terme de la cuisson, laissez refroidir les baguettes sur une grille.

Conseil

Pour façonner les baguettes, aplatissez chaque pâton puis pliez la pâte sur elle-même en l'allongeant en boudin régulier en partant du centre.

Temps de fermentation : **3 h**

Préparation : **45 min**

Cuisson : **25 min**

Pour 4 petites baguettes viennoises

- **500 g de farine de blé type 55**
- **15 g de levure fraîche ou 1 sachet de levure sèche de boulanger (8 g)**
- **30 cl de lait**
- **60 g de beurre ramolli**
- **20 g de sucre en poudre**
- **10 g de sel fin**

Baguette viennoise

Introduite en France en 1840 par le comte Zang, premier secrétaire de l'ambassade d'Autriche à Paris, la baguette viennoise est le pain rêvé du petit déjeuner. Avec sa croûte souple et sa mie fine, elle rappelle la brioche. Avec cette pâte, vous pourrez également faire des petits pains au lait.

- Dans un bol, délayez la levure dans 3 cuillerées à soupe de lait tiédi. Laissez reposer 10 minutes.
- Versez la farine en tas sur le plan de travail. Creusez un puits. Versez-y le reste de lait. Ajoutez le sucre et le sel. Mélangez du bout des doigts en incorporant peu à peu la farine. Incoporez la levure puis le beurre ramolli. Mélangez puis pétrissez la pâte obtenue jusqu'à ce qu'elle soit souple et lisse. Ramassez-la en boule. Mettez-la dans un saladier. Couvrez d'un torchon humide. Laissez lever 1 heure 30 dans un endroit tiède (25 °C) : la pâte doit doubler de volume.
- Retravaillez la pâte sur le plan de travail en la repliant plusieurs fois sur elle-même. Divisez-la en 4 pâtons. Laissez reposer 15 minutes.
- Allongez chaque pâton en petite baguette de la longueur de la plaque de cuisson. Déposez-les sur la plaque en les espaçant, côté pliure en dessous. Couvrez d'un torchon humide. Laissez lever 1 heure à 1 heure 15.
- Préchauffez le four à 220 °C (th. 7/8). Faites des entailles en diagonale sur le dessus de chaque baguette. Enfournez-les et faites-les cuire 25 minutes. Au terme de la cuisson, laissez refroidir les baguettes sur une grille.

Conseil

La pâte a tendance à colorer car elle contient du beurre et du sucre. Au besoin, baissez la température du four à 200 °C (th. 6/7) en fin de cuisson.

Temps de fermentation : **6 h**

Préparation : **45 min**

Cuisson : **40 min**

Pour 2 boules

- **500 g de farine de blé type 55**
- **60 g de farine de seigle**
- **15 g de levure fraîche ou 1 sachet de levure sèche de boulanger (8 g)**
- **35 cl d'eau tiède**
- **10 g de sel fin**

Pain de campagne

Pour mieux se conserver, le pain de campagne est préparé sur « poolish », une technique bien précise connue des boulangers. Il s'agit d'incorporer à la farine une pâte fermentée à base de levure. L'apport d'une petite quantité de farine de seigle lui apporte une touche d'acidité particulièrement agréable.

- Dans un saladier, délayez 60 g de farine de blé, la farine de seigle et la levure dans 15 cl d'eau tiède. Couvrez d'un torchon humide. Laissez fermenter cette pâte molle 3 heures dans un endroit tiède (25 °C).
- Mettez le reste de farine de blé sur le plan de travail. Creusez un puits. Versez-y le reste d'eau tiède et la pâte fermentée. Travaillez du bout des doigts en incorporant peu à peu la farine. Pétrissez la pâte obtenue en la repliant plusieurs fois sur elle-même puis incorporez le sel. Continuez à pétrir la pâte une dizaine de minutes. Ramassez-la en boule. Mettez-la dans un saladier. Couvrez d'un linge humide. Laissez lever 1 heure 30 : la pâte doit doubler de volume.
- Faites retomber la pâte sur le plan de travail fariné en la repliant plusieurs fois sur elle-même. Divisez-la en 2 pâtons. Façonnez-les en boules. Déposez chaque boule dans un panier tapissé de toile farinée. Couvrez d'un torchon. Laissez lever à nouveau 1 heure 30.
- Préchauffez le four à 240 °C (th. 8). Retournez les pains sur une plaque farinée. Entaillez la surface des pains en formant un quadrillage. Enfournez et faites cuire 40 minutes. Au bout de 15 minutes de cuisson, baissez la température du four à 200 °C (th. 6/7). Au terme de la cuisson, laissez refroidir les pains sur une grille.

Conseil

Pour que les pains aient une jolie teinte dorée, glissez dans le four un récipient rempli d'eau chaude.

Pain de mie

Temps de fermentation : **2 h 30**

Préparation : **45 min**

Cuisson : **50 min**

Pour 1 gros pain de mie

- **500 g de farine de blé (+ 1 cuillerée à soupe pour le moule)**
- **15 g de levure fraîche ou 1 sachet de levure sèche de boulanger (8 g)**
- **40 g de beurre ramolli (+ 15 g pour le moule)**
- **20 g de sucre en poudre**
- **20 cl d'eau tiède**
- **10 cl de lait**
- **10 g de sel fin**

Délicieux toasté avec du beurre et de la marmelade d'orange, pratique pour les sandwiches, le pain de mie fait maison est une véritable gourmandise. Toute la famille en raffolera.

- Dans un bol, délayez la levure dans 5 cl d'eau tiède.
- Mettez la farine en tas sur le plan de travail. Creusez un puits. Versez-y le lait tiédi, le reste d'eau tiède, le sucre et le sel. Mélangez du bout des doigts en incorporant peu à peu la farine. Ajoutez la levure dissoute ainsi que le beurre ramolli. Terminez le mélange puis pétrissez la pâte obtenue jusqu'à ce qu'elle soit souple et lisse. Ramassez-la en boule. Mettez-la dans un saladier. Couvrez d'un torchon humide. Laissez lever 1 heure 30 dans un endroit tiède (25 °C) : la pâte doit doubler de volume.
- Faites retomber la pâte sur le plan de travail fariné en la repliant plusieurs fois sur elle-même. Façonnez-la en un gros boudin. Déposez-le dans un grand moule à pain de mie beurré et fariné. Couvrez d'un torchon humide. Laissez lever à nouveau pendant 1 heure.
- Préchauffez le four à 240 °C (th. 8). Fermez le moule à l'aide de son couvercle coulissant. Enfournez et faites cuire 50 minutes. Au bout de 15 minutes de cuisson, baissez la température du four à 210 °C (th. 7). Au terme de la cuisson, démoulez et laissez refroidir le pain sur une grille.

Conseil

Il est important que le moule soit assez grand pour que la pâte puisse lever à son aise : n'oubliez pas qu'elle doit doubler de volume dans le moule qui sera fermé juste au moment d'enfourner.

Pour obtenir un pain carré, la pâte doit cuire dans un moule à pain de mie muni d'un couvercle coulissant. À défaut, vous pouvez utiliser un moule à cake mais la section du pain aura une forme de trapèze.

Temps de fermentation : **4 h**

Préparation : **45 min**

Cuisson : **40 min**

Pour 2 boules

- **260 g de farine de seigle (+ 30 g pour le saupoudrage)**
- **260 g de farine de blé type 55 ou 65**
- **15 g de levure fraîche ou 1 sachet de levure sèche de boulanger (8 g)**
- **30 à 35 cl d'eau tiède**
- **10 g de sel fin**

Pain de méteil

Très proche du pain de campagne, cette miche rustique et goûteuse s'accorde bien avec les fruits de mer et les poissons. S'il est aujourd'hui réalisé à partir de farine de seigle et de farine de blé, ce pain était fait autrefois à partir d'une farine issue de grains récoltés dans des champs ensemencés de ces deux céréales.

- Dans un saladier, délayez la levure dans 10 cl d'eau tiède. Ajoutez 60 g de farine de blé et 60 g de farine de seigle. Mélangez bien. Couvrez d'un torchon. Laissez fermenter 1 heure 30 dans un endroit tiède (25 °C).
- Mettez 200 g de farine de blé et 200 g de farine de seigle en tas sur le plan de travail. Creusez un puits. Versez-y 20 à 25 cl d'eau tiède. Mélangez du bout des doigts en incorporant peu à peu la farine. Incorporez la pâte fermentée. Pétrissez 5 minutes puis ajoutez le sel. Continuez à pétrir jusqu'à ce que la pâte soit souple et lisse. Ramassez-la en boule. Mettez-la dans un saladier. Couvrez d'un torchon humide. Laissez lever 1 heure 30 : la pâte doit doubler de volume.
- Faites retomber la pâte sur le plan de travail en la repliant plusieurs fois sur elle-même. Divisez-la en 2 pâtons et façonnez chacun en boule. Déposez-les sur une plaque, côté pliure en dessous. Aplatissez-les légèrement. Couvrez d'un torchon. Laissez lever 1 heure.
- Préchauffez le four à 230 °C (th. 7/8). Saupoudrez les pains de farine de seigle. Entaillez la surface de chaque boule en formant un quadrillage. Enfournez et faites cuire durant 40 minutes. À mi-cuisson, baissez la température du four à 210 °C (th. 7). Au terme de la cuisson, laissez refroidir les pains sur une grille.

Conseil

Pour recouvrir les pains d'un voile de farine de seigle, tamisez la farine à travers une passoire fine.

Temps de fermentation :
24 h pour le levain + 2 h pour la pâte

Préparation :
45 min

Cuisson :
35 min

Pour 2 fougasses

- **700 g de farine de blé type 55**
- **15 g de levure fraîche ou 1 sachet de levure sèche de boulanger (8 g)**
- **2 cuillerées à soupe d'huile d'olive**
- **50 cl d'eau tiède**
- **12 g de sel fin**

Fougasse

La fougasse est toujours préparée à base de levain. Elle se déguste à toute heure de la journée : au petit-déjeuner avec du beurre et de la confiture, au déjeuner pour accompagner tous les plats de la cuisine provençale et au dîner avec la soupe et les tians de légumes.

Préparation du levain

- Vingt-quatre heures à l'avance, préparez le levain. Dans un saladier, délayez la levure dans 15 cl d'eau tiède. Ajoutez 80 g de farine. Mélangez bien. Couvrez d'un torchon humide. Laissez fermenter 12 heures dans un endroit tempéré (20 °C). Incorporez 80 g de farine et 10 cl d'eau tiède. Couvrez à nouveau. Laissez fermenter encore 12 heures.

Préparation des fougasses

- Mettez le reste de farine en tas sur le plan de travail. Creusez un puits. Versez-y 25 cl d'eau tiède, l'huile d'olive et le sel. Mélangez du bout des doigts. Incorporez le levain préparé la veille. Pétrissez la pâte obtenue jusqu'à ce qu'elle soit souple et lisse. Ramassez-la en boule. Mettez-la dans un saladier. Couvrez d'un torchon humide. Laissez lever durant 1 heure 30 dans un endroit tiède (25 °C) : la pâte doit doubler de volume.
- Faites retomber la pâte sur le plan de travail fariné en la repliant plusieurs fois sur elle-même. Divisez-la en 2 pâtons. Façonnez-les en boules et abaissez chacune en rectangle de 3 cm d'épaisseur.
- Déposez ces rectangles sur la plaque du four. Entaillez des lanières de pâte et enlevez-les. Élargissez ces fentes en les écartant. Couvrez d'un torchon humide. Laissez lever 30 minutes.
- Préchauffez le four à 240 °C (th. 8). Badigeonnez les fougasses d'eau tiède. Enfournez-les et faites-les cuire 35 minutes. À mi-cuisson, baissez la température du four à 200 °C (th. 6/7). Laissez tiédir sur une grille avant de servir.

Conseil

Pour donner aux fougasses un petit air rustique, saupoudrez-les d'un voile de farine tamisée à travers une passoire fine juste au moment d'enfourner.

Temps de fermentation : **5 h 30**

Préparation : **45 min**

Cuisson : **40 min**

Pour 2 boules

- **400 g de farine d'épeautre**
- **120 g de farine de blé type 55 ou 65**
- **15 g de levure fraîche ou 1 sachet de levure sèche de boulanger (8 g)**
- **35 cl d'eau tiède**
- **10 g de sel fin**

Pain d'épeautre

L'épeautre est une variété de blé très ancienne. Contrairement aux autres sortes de blé, ses petits grains bruns adhèrent fortement à la balle, comme ceux de l'orge ou de l'avoine. Si sa valeur nutritive est la même que celle du blé tendre, il se contente de sols pauvres. Remis au goût du jour par les chefs et les boulangers talentueux, le pain d'épeautre connaît un grand succès.

- Dans un saladier, délayez la levure dans 12 cl d'eau tiède puis mélangez-y la farine de blé. Couvrez d'un torchon humide. Laissez fermenter 3 heures dans un endroit tiède (25 °C).
- Incorporez le reste d'eau (elle doit être tiède), la farine d'épeautre et le sel à cette pâte fermentée. Pétrissez la pâte obtenue sur le plan de travail jusqu'à ce qu'elle soit souple et lisse. Ramassez-la en boule. Remettez-la dans le saladier. Couvrez d'un torchon humide. Laissez lever 1 heure 30 dans un endroit tiède (25 °C) : la pâte doit doubler de volume.
- Faites retomber la pâte sur le plan de travail fariné en la repliant plusieurs fois sur elle-même. Divisez-la en 2 pâtons. Façonnez-les en boules. Laissez reposer 15 minutes puis déposez-les sur une plaque farinée. Couvrez d'un torchon humide. Laissez lever 45 minutes.
- Préchauffez le four à 240 °C (th. 8). Avec la tranche de la main, marquez les pains d'une croix en appuyant fermement. Enfournez et faites cuire 40 minutes. Au bout de 15 minutes de cuisson, baissez la température du four à 200 °C (th. 6/7). Au terme de la cuisson, laissez refroidir les pains sur une grille.

Conseil

Vous pouvez ausi marquer les pains avec le côté non tranchant d'une lame de couteau.

Temps de fermentation : **3 h 30**

Préparation : **40 min**

Cuisson : **40 min**

Pour 1 grande couronne

- **500 g de farine de blé type 55**
- **15 g de levure fraîche ou 1 sachet de levure sèche de boulanger (8 g)**
- **30 cl d'eau tiède**
- **10 g de sel fin**

Couronne

Servi encore tiède, ce pain est promis au succès. Les plus gourmands apprécieront un pain plus riche : vous n'aurez qu'à remplacer l'eau par du lait. Et pour obtenir une forme parfaitement régulière, faites lever la pâte dans un paneton fariné en forme de couronne.

- Dans un bol, délayez la levure dans 3 cuillerées à soupe d'eau tiède.
- Mettez 400 g de farine de blé dans un grand saladier. Creusez un puits. Versez-y le reste d'eau tiède, la levure dissoute et le sel. Mélangez du bout des doigts. La pâte doit être molle. Saupoudrez de farine. Couvrez d'un torchon humide. Laissez lever durant 3 heures dans un endroit tempéré (20 °C).
- Au bout de ce temps, pétrissez la pâte sur le plan de travail fariné en y incorporant le reste de farine. Formez une boule sans pliure. Laissez reposer 15 minutes. À l'aide de vos doigts serrés l'un contre l'autre (pouce, index et majeur), faites un trou au centre. Agrandissez progressivement ce trou en l'élargissant avec les mains. Déposez la couronne sur une plaque farinée. Couvrez d'un torchon humide. Laissez lever 30 minutes dans un endroit tiède (25 °C).
- Préchauffez le four à 240 °C (th. 8). Enfournez et faites cuire le pain pendant 40 minutes. À mi-cuisson, baissez la température du four à 180 °C (th. 6). Au terme de la cuisson, laissez tiédir la couronne sur une grille.

Conseil

Juste avant d'enfourner, « signez » le pain de quelques coups de lame ou de « becs » réalisés avec des ciseaux.

Les pains enrichis

Temps de fermentation : **3 h 30**

Préparation : **45 min**

Cuisson : **20 min**

Pour 4 fougassettes

- **500 g de farine de blé type 55**
- **15 g de levure fraîche ou 1 sachet de levure sèche de boulanger (8 g)**
- **150 g de roquefort**
- **1 cuillerée à soupe d'huile**
- **30 cl d'eau tiède**
- **5 g de sel fin**

Fougassettes au roquefort

Dans cette préparation, il est recommandé de ne pas trop saler la pâte car le roquefort apporte beaucoup de sel. Vous pouvez encore adoucir ce fromage en le panachant avec de la crème fraîche ou du fromage frais de brebis. Dans tous les cas, accompagnez ces fougassettes d'une salade verte assaisonnée d'huile de noix ou de noisette.

- Dans un saladier, délayez la levure dans 10 cl d'eau tiède. Ajoutez 100 g de farine. Mélangez bien. Couvrez d'un linge humide. Laissez fermenter 1 heure 30 dans un endroit tiède (25 °C).
- Mettez le reste de farine en tas sur le plan de travail. Creusez un puits. Versez-y 20 cl d'eau tiède et l'huile. Mélangez du bout des doigts puis incorporez la pâte fermentée. Pétrissez 5 minutes avant d'ajouter le sel. Continuez à pétrir jusqu'à ce que la pâte soit souple et lisse. Ramassez-la en boule. Mettez-la dans un saladier. Couvrez d'un torchon humide. Laissez lever 1 heure 30 dans un endroit tiède (25 °C) : la pâte doit doubler de volume.
- Faites retomber la pâte sur le plan de travail fariné en la repliant plusieurs fois sur elle-même. Divisez-la en 4 pâtons. Façonnez-les en boules et abaissez chacune en rectangle. Répartissez le roquefort grossièrement écrasé sur chaque rectangle. Repliez-les bord à bord. Déposez ces fougassettes sur une plaque. Entaillez de fines lanières de pâte. Écartez légèrement les fentes. Couvrez d'un torchon humide. Laissez lever 30 minutes.
- Préchauffez le four à 240 °C (th. 8). Enfournez et faites cuire les fougassettes pendant 20 minutes. Servez-les chaudes ou tièdes.

Conseil

Farinez régulièrement le plan de travail ainsi que le rouleau à pâtisserie avec lequel vous abaissez chaque pâton.

Temps de fermentation : **2 h 30**

Préparation : **40 min**

Cuisson : **25 min**

Pour 2 fougasses aux olives

- **350 g de farine de blé type 55**
- **10 g de levure fraîche ou 1 sachet de levure sèche de boulanger (8 g)**
- **60 g d'olives noires dénoyautées**
- **2 cuillerées à soupe d'huile d'olive**
- **20 cl d'eau tiède**
- **1 œuf**
- **5 g de sel fin**

Fougasse aux olives

Déguster une part de fougasse aux olives, encore tiède, accompagnée d'un verre de rosée ou de Beaumes-de-Venise, une idée qui donnera à votre apéritif un air de Provence. Vous pouvez aussi utiliser cette pâte pour réaliser une pizza.

- Dans un bol, délayez la levure dans 5 cl d'eau tiède.
- Mettez la farine en tas sur le plan de travail. Creusez un puits. Versez-y le reste d'eau, l'huile d'olive et la levure. Mélangez du bout des doigts en incorporant peu à peu la farine. Pétrissez la pâte obtenue 5 minutes puis ajoutez le sel. Continuez à pétrir jusqu'à ce que la pâte soit souple et lisse. Incorporez les olives grossièrement hachées en fin de pétrissage. Ramassez la pâte en boule. Mettez-la dans un saladier. Couvrez d'un torchon humide. Laissez lever 1 heure 30 dans un endroit tiède (25 °C) : la pâte doit doubler de volume.
- Faites retomber la pâte sur le plan de travail fariné en la repliant plusieurs fois sur elle-même. Divisez-la en 2 pâtons. Façonnez-les en boules puis abaissez chacune en rectangle de 3 cm d'épaisseur.
- Déposez ces rectangles sur la plaque du four. Entaillez des lanières de pâte et enlevez-les. Élargissez légèrement ces fentes en les écartant. Couvrez d'un torchon humide. Laissez lever 30 minutes.
- Préchauffez le four à 240 °C (th. 8). Dorez les fougasses à l'œuf battu à l'aide d'un pinceau. Enfournez et faites-les cuire 25 minutes. À mi-cuisson, baissez la température du four à 200 °C (th. 6/7). Laissez tiédir sur une grille avant de servir.

Variante

Vous pouvez panacher olives noires et filets d'anchois (comptez 40 g d'olives et 20 g d'anchois). Vous pouvez aussi assaisonner cette fougasse avec des herbes de Provence (comptez 1 cuillerée à café d'herbes de Provence pour 350 g de farine).

Temps de fermentation : **24 h pour le levain + 2 h pour la pâte**

Préparation : **45 min**

Cuisson : **35 min**

Pour 2 fougasses aux grattons

- **700 g de farine de blé type 55 (+ 50 g pour les grattons et le plan de travail)**
- **15 g de levure fraîche ou 1 sachet de levure sèche de boulanger (8 g)**
- **250 g de grattons**
- **2 cuillerées à soupe d'huile d'olive fruitée**
- **50 cl d'eau tiède**
- **10 g de sel fin**

Fougasse aux grattons

Faite à base d'un levain à la levure, la fougasse aux grattons est un pain moelleux et de bonne conservation. Elle accompagnera merveilleusement bien une soupe ou un tian de légumes. Comme avec la fougasse aux olives, le soleil est bel et bien au rendez-vous.

Préparation du levain

- Vingt-quatre heures à l'avance, préparez le levain. Dans un saladier, délayez la levure dans 15 cl d'eau tiède. Ajoutez 80 g de farine. Mélangez bien. Couvrez d'un torchon humide. Laissez fermenter 12 heures dans un endroit tempéré (20 °C). Incorporez 80 g de farine et 10 cl d'eau tiède. Couvrez à nouveau. Laissez fermenter encore 12 heures.

Préparation des fougasses

- Mettez le reste de farine en tas sur le plan de travail. Creusez un puits. Versez-y 25 cl d'eau tiède, l'huile d'olive et le sel. Mélangez du bout des doigts. Incorporez le levain. Pétrissez la pâte obtenue jusqu'à ce qu'elle soit souple et lisse. Ramassez-la en boule. Mettez-la dans un saladier. Couvrez d'un torchon humide. Laissez lever 1 heure 30 dans un endroit tiède (25 °C) : la pâte doit doubler de volume.
- Coupez les grattons en petits dés. Faites-les revenir dans une poêle sèche sur feu doux. Égouttez sur du papier absorbant puis farinez-les.
- Retravaillez la pâte sur le plan de travail fariné en y incorporant les grattons. Divisez-la en 2 pâtons. Façonnez-les en boules puis abaissez chacune en rectangle de 3 cm d'épaisseur.
- Déposez ces rectangles sur la plaque du four. Entaillez des lanières de pâte et éliminez-les. Écartez légèrement ces fentes. Couvrez d'un torchon humide. Laissez lever 30 minutes.
- Préchauffez le four à 240 °C (th. 8). Badigeonnez les fougasses d'eau tiède. Enfournez et faites-les cuire 35 minutes. À mi-cuisson, baissez la température du four à 200 °C (th. 6/7). Laissez tiédir sur une grille avant de servir.

Temps de fermentation : **4 h**

Préparation : **45 min**

Cuisson : **50 min**

Pour 2 pains

- **500 g de farine de blé type 55**
- **60 g de farine de seigle**
- **15 g de levure fraîche ou 1 sachet de levure sèche de boulanger (8 g)**
- **35 cl d'eau tiède**
- **50 g de cassonade**
- **40 g de flocons d'avoine**
- **40 g de graines de lin**
- **40 g de graines de sésame**
- **25 de beurre pour les moules**
- **10 g de sel fin**

Pain aux céréales

Outre leur note croquante et savoureuse, les céréales comme les graines, par leur richesse en vitamines et éléments minéraux, contribuent à produire un pain hautement nutritif. Vous le servirez en priorité au petit déjeuner avec du beurre et du miel. De l'énergie en perspective...

- Dans un saladier, délayez 60 g de farine de blé, la farine de seigle et la levure dans 15 cl d'eau tiède. Couvrez d'un torchon humide. Laissez fermenter cette pâte molle 1 heure 30 dans un endroit tiède (25 °C).

- Réservez 20 g de flocons d'avoine, 20 g de graines de lin et 20 g de graines de sésame pour la finition.

- Mettez le reste de farine de blé sur le plan de travail. Creusez un puits. Versez-y 20 cl d'eau tiède et la pâte fermentée. Travaillez du bout des doigts en incorporant peu à peu la farine. Pétrissez la pâte obtenue en la repliant plusieurs fois sur elle-même puis incorporez la cassonade et le sel. Continuez à pétrir la pâte durant 5 minutes. Incorporez enfin le reste des céréales. Pétrissez encore 5 minutes. Ramassez la pâte en boule. Mettez-la dans un saladier. Couvrez d'un linge humide. Laissez lever pendant 1 heure 30 : la pâte doit doubler de volume.

- Faites retomber la pâte sur le plan de travail fariné en la repliant sur elle-même. Divisez-la en 2 pâtons. Façonnez-les en boudins. Déposez-les dans 2 moules à pain beurrés. Couvrez d'un torchon. Laissez lever à nouveau 1 heure.

- Préchauffez le four à 230 °C (th. 7/8). Badigeonnez les pains d'eau tiède et parsemez-les de flocons d'avoine, de graines de lin et de sésame. Enfournez et faites-les cuire 50 minutes. Au bout de 15 minutes de cuisson, baissez la température du four à 200 °C (th. 6/7). Au terme de la cuisson, démoulez et laissez refroidir les pains sur une grille.

Pain d'avoine

Temps de trempage :
12 h

Temps de fermentation :
2 h 30

Préparation :
45 min

Cuisson :
1 h

Pour 2 pains

- **200 g de flocons d'avoine**
- **400 g de farine de blé complète**
- **500 g de farine de blé type 55**
- **30 g de levure fraîche ou 2 sachets de levure sèche de boulanger (16 g)**
- **50 g de beurre fondu**
- **60 cl d'eau bouillante**
- **20 cl d'eau tiède**
- **1/2 cuillerée à café d'anis vert en poudre**
- **15 g de gros sel**
- **5 g de sel fin**

Au petit déjeuner ou lors d'un brunch, ce pain sera très apprécié avec du beurre et du miel. Vous pouvez aussi le réaliser en remplaçant la farine de blé complète par de la farine complète de seigle. Dans les deux cas, la pâte étant assez lourde à pétrir, il est conseillé d'utiliser un robot muni d'un crochet à pâte.

- La veille, mettez les flocons d'avoine dans un saladier. Arrosez de 60 cl d'eau bouillante. Ajoutez 5 g de sel fin. Réservez 12 heures.
- Le jour même, délayez la levure dans 10 cl d'eau tiède. Délayez également le gros sel dans le reste d'eau tiède.
- Mettez la farine complète et la farine type 55 en tas sur le plan de travail. Creusez un puits. Versez-y la bouillie d'avoine, la levure dissoute, le beurre fondu tiédi, l'anis puis le sel. Mélangez tous ces ingrédients puis pétrissez la pâte obtenue jusqu'à ce qu'elle soit souple bien que ferme. Ramassez-la en boule. Mettez-la dans un saladier. Saupoudrez de farine. Couvrez d'un torchon humide. Laissez lever 1 heure 30 dans un endroit tiède (25 °C).
- Faites retomber la pâte sur le plan de travail fariné en la repliant plusieurs fois sur elle-même. Divisez-la en 2 pâtons. Façonnez 2 pains longs. Déposez-les sur sur une plaque ou dans des moules longs. Couvrez d'un torchon humide. Laissez lever 1 heure.
- Préchauffez le four à 220 °C (th. 7/8). Au moment d'enfourner, entaillez profondément la surface des pains en biais. Faites-les cuire 1 heure. Au bout de 15 minutes, baissez la température du four à 180 °C (th. 6). Au terme de la cuisson, laissez refroidir les pains sur une grille.

Pain aux grains de blé

Temps de trempage : **12 h**

Temps de fermentation : **2 h 30**

Préparation : **45 min**

Cuisson : **50 min**

Pour 2 pains
- 200 g de grains de blé décortiqués
- 500 g de farine de blé complète
- 300 g de farine de blé type 55
- 25 g de levure fraîche ou 1 sachet 1/2 de levure sèche de boulanger (12 g)
- 1 cuillerée à soupe d'huile
- 30 cl d'eau bouillante
- 30 cl d'eau tiède
- 25 g de beurre pour les moules
- 12 g de sel fin

Avec ce pain rustique, c'est toute la saveur du blé que vous allez apprécier. Il est recommandé de le déguster avec une soupe de légumes. Vous le réaliserez de préférence à la fin de l'été avec des épis fraîchement cueillis et bien mûrs. Le trempage des grains est néanmoins indispensable pour les ramollir.

La veille, mettez les grains de blé dans un grand saladier et arrosez-les avec 30 cl d'eau bouillante. Couvrez d'un torchon. Laissez reposer 12 heures.

Le jour même, délayez la levure dans un bol avec 10 cl d'eau tiède. Laissez reposer 15 minutes puis versez sur les grains de blé. Ajoutez 20 cl d'eau tiède, la farine complète, la farine type 55 et l'huile. Mélangez en amalgamant tous les ingrédients. Pétrissez la pâte obtenue sur le plan de travail 5 minutes. Incorporez le sel. Continuez à pétrir la pâte 10 minutes environ jusqu'à ce qu'elle soit souple. Ramassez-la en boule. Remettez-la dans le saladier. Couvrez d'un torchon humide. Laissez lever 1 heure 30 dans un endroit tiède (25 °C).

Faites retomber la pâte sur le plan de travail fariné en la repliant plusieurs fois sur elle-même. Divisez-la en deux. Façonnez 2 boudins. Couchez chacun dans un moule à pain beurré. Couvrez d'un torchon humide. Laissez lever à nouveau pendant 1 heure.

Préchauffez le four à 230 °C (th. 7/8). Enfournez et faites cuire les pains 50 minutes. Démoulez et laissez refroidir sur une grille.

Conseil

Si les pains colorent trop, baissez la température du four à 210 °C (th. 7) en cours de cuisson.

Temps de fermentation : **2 h 30**

Préparation : **40 min**

Cuisson : **45 min**

Pour 2 pains

- 400 g de farine de blé type 55
- 140 g de muesli
- 15 g de levure fraîche ou 1 sachet de levure sèche de boulanger (8 g)
- 25 cl d'eau tiède
- 25 g de beurre pour les moules
- 10 g de sel fin

Pain au muesli

Le pain au muesli est à lui seul un repas complet. C'est un pain idéal pour le petit déjeuner des adolescents et des sportifs : très digeste et riche en éléments nutritifs, il est aussi très savoureux. Frais ou légèrement grillé, tartiné de beurre ou accompagné d'un bol de fromage blanc : un vrai régal !

- Dans un bol, délayez la levure dans 5 cl d'eau tiède.
- Mettez la farine en tas sur le plan de travail. Creusez un puits. Versez-y le reste d'eau et la levure dissoute. Mélangez du bout des doigts en incorporant peu à peu la farine. Pétrissez la pâte obtenue 5 minutes puis ajoutez le sel et 100 g de muesli. Continuez à pétrir 10 minutes environ. Ramassez la pâte en boule. Mettez-la dans un saladier. Couvrez d'un torchon humide. Laissez lever pendant 1 heure 30 dans un endroit tiède (25 °C).
- Faites retomber la pâte sur le plan de travail fariné en la repliant plusieurs fois sur elle-même. Divisez-la en 2 pâtons. Façonnez chacun en un boudin. Couchez-les dans 2 moules à pain beurrés. Couvrez d'un torchon humide. Laissez lever durant 1 heure.
- Préchauffez le four à 230 °C (th. 7/8). Badigeonnez la surface des pains d'eau tiède. Parsemez-les du reste de muesli. Enfournez et faites-les cuire 45 minutes. Au bout de 15 minutes, baissez la température du four à 210 °C (th. 7). Au terme de la cuisson, démoulez et laissez refroidir sur une grille.

Variante

Selon vos goûts, variez les plaisirs avec les différentes variétés de muesli proposées. Vous pouvez aussi réaliser votre propre mélange en associant des flocons d'avoine, des pétales de maïs, des paillettes de germe de blé, des noisettes, des pommes séchées, des raisins secs, le tout sans sucre et sans sel ajoutés.

Petits pains bis au cumin

Temps de fermentation : **12 h la veille + 2 h 30 le jour même**

Préparation : **45 min**

Cuisson : **35 min**

Pour 12 petits pains

- **350 g de farine de seigle**
- **150 g de farine de blé type 80**
- **15 g de levure fraîche ou 1 sachet de levure sèche de boulanger (8 g)**
- **30 g de graines de cumin**
- **25 cl d'eau bouillante**
- **5 cl d'eau tiède**
- **1 cuillerée à café de cassonade**
- **1 cuillerée à café de sel fin**

Épice nordique, le cumin s'associe avec succès avec tous les fromages de Hollande, le munster et certaines pâtes cuites comme le beaufort. Vous apprécierez aussi ces petits pains, largement tartinés de beurre, avec des harengs frais ou marinés.

La veille, mélangez dans un saladier 125 g de farine de seigle, l'eau bouillante et 15 g de graines de cumin. Couvrez d'un torchon. Laissez reposer 12 heures.

Le jour même, délayez la levure et la cassonade dans 5 cl d'eau tiède. Laissez reposer 10 minutes. Versez cette préparation sur la bouillie de seigle. Incorporez le reste de farine de seigle et la farine de blé. Pétrissez la pâte obtenue sur le plan de travail pendant 5 minutes. Ajoutez le sel. Continuez à pétrir pendant une dizaine de minutes. Ramassez la pâte en boule. Remettez-la dans le saladier. Couvrez d'un torchon humide. Laissez lever pendant 1 heure 30 dans un endroit tiède (25 °C).

Faites retomber la pâte sur le plan de travail fariné en la repliant plusieurs fois sur elle-même. Divisez-la en 12 petits pâtons. Façonnez des petits pains ronds. Déposez-les sur 2 plaques. Couvrez d'un torchon humide. Laissez lever pendant 1 heure.

Préchauffez le four à 230 °C (th. 7/8). Au moment d'enfourner, badigeonnez les petits pains d'eau tiède et parsemez-les de graines de cumin. Faites-les cuire 35 minutes puis laissez-les refroidir sur une grille.

Temps de fermentation : **2 h 30**

Préparation : **40 min**

Cuisson : **25 min**

Pour 2 pains

- **350 g de farine de blé type 55**
- **10 g de levure fraîche ou 1 sachet de levure sèche de boulanger (8 g)**
- **4 gousses d'ail frais**
- **2 cuillerées à soupe d'huile d'olive**
- **20 cl d'eau tiède**
- **5 g de sel fin**

Pain à l'ail

Avec une salade de tomates ou de haricots verts, le pain à l'ail a bel et bien le goût de la Provence. Dégustez-le encore tiède, largement imbibé d'huile d'olive. À l'heure de l'apéritif, savourez sans remords quelques rondelles de ce pain accompagnées d'un verre de rosé bien frais : l'ail n'est-il pas un concentré de bienfaits ?

- Dans un bol, délayez la levure dans 5 cl d'eau tiède.
- Mettez la farine en tas sur le plan de travail. Creusez un puits. Versez-y le reste d'eau, l'huile d'olive et la levure. Mélangez du bout des doigts en incorporant peu à peu la farine. Pétrissez la pâte obtenue 5 minutes puis ajoutez le sel. Continuez à pétrir jusqu'à ce que la pâte soit souple et lisse. Incorporez les gousses d'ail pelées et finement hachées en fin de pétrissage. Ramassez la pâte en boule. Mettez-la dans un saladier. Couvrez d'un torchon humide. Laissez lever durant 1 heure 30 dans un endroit tiède (25 °C) : la pâte doit doubler de volume.
- Faites retomber la pâte sur le plan de travail fariné en la repliant plusieurs fois sur elle-même. Divisez-la en 2 pâtons. Façonnez-les en boules puis abaissez chacune en galettes rondes de 3 cm d'épaisseur.
- Déposez ces galettes sur la plaque du four. Entaillez la surface des pains en formant un croisillon. Couvrez d'un torchon humide. Laissez lever 30 minutes.
- Préchauffez le four à 240 °C (th. 8). Badigeonnez les pains d'eau tiède. Enfournez-les et faites-les cuire 25 minutes. À mi-cuisson, baissez la température du four à 200 °C (th. 6/7). Laissez tiédir sur une grille avant de servir.

Conseil

À défaut d'ail frais, faites blanchir les gousses d'ail 1 minute à l'eau bouillante puis éliminez le germe vert avant de les hacher.

Pain de potiron

Temps de fermentation :
3 h la veille + 1 h le jour même

Temps de réfrigération :
12 h

Préparation :
1 h

Cuisson :
30 min la veille + 50 min le jour même

Pour 2 pains

- 500 g de farine de blé type 55
- 350 g de potiron
- 40 g de raisins secs
- 40 g de noisettes décortiquées
- 15 g de levure fraîche ou 1 sachet de levure sèche de boulanger (8 g)
- 2 cuillerées à soupe d'eau tiède
- 2 œufs (+ 1 œuf pour dorer)
- 250 g de beurre ramolli (+ 25 g pour les moules)
- 50 g de sucre en poudre
- 5 g de sel fin

Légèrement sucré, subtilement parfumé, le pain de potiron est l'ami des fromages à pâte persillée comme le bleu d'Auvergne ou la fourme d'Ambert. Vous accompagnerez le tout d'une petite salade de mâche et d'herbes mélangées.

- La veille, épluchez et épépinez le potiron. Coupez la chair en dés. Faites-les cuire 30 minutes dans le panier d'une marmite à vapeur puis laissez refroidir.
- Dans un bol, délayez la levure dans l'eau tiède.
- Mettez la farine en tas sur le plan de travail. Creusez un puits. Ajoutez-y 2 œufs, le sucre et le sel. Mélangez du bout des doigts puis incorporez la levure. Pétrissez la pâte obtenue jusqu'à ce qu'elle soit souple et lisse.
- Incorporez alors le beurre ramolli, les dés de potiron, les noisettes grossièrement concassées et les raisins secs. Ramassez la pâte en boule. Mettez-la dans un saladier. Couvrez d'un torchon humide. Laissez lever durant 3 heures à température ambiante (20 °C) : la pâte doit doubler de volume.
- Faites retomber la pâte sur le plan de travail fariné en la repliant plusieurs fois sur elle-même. Ramassez-la à nouveau en boule. Remettez-la dans le saladier. Couvrez d'un film étirable. Réservez 12 heures au réfrigérateur.
- Divisez alors la pâte bien froide en 2 pâtons. Façonnez-les en boudins. Couchez chacun dans un moule à pain beurré. Couvrez d'un torchon humide. Laissez lever 1 heure.
- Préchauffez le four à 210 °C (th. 7). Dorez la surface des pains à l'œuf battu. Enfournez et faites-les cuire 50 minutes. À mi-cuisson, baissez la température du four à 180 °C (th. 6). Démoulez les pains à la sortie du four et laissez-les refroidir sur une grille.

Conseil

Pour que le beurre ne fonde pas, incorporez-le rapidement à la pâte en travaillant sur une surface froide (marbre) et en vous passant les mains sous l'eau fraîche.

Temps de fermentation : **2 h 30**

Préparation : **45 min**

Cuisson : **30 min**

Pour 12 petits pains

- 350 g de farine de seigle
- 150 g de farine de blé type 55
- 15 g de levure fraîche ou 1 sachet de levure sèche de boulanger (8 g)
- 100 g de raisins de Corinthe
- 35 cl d'eau tiède
- 10 g de sel fin

Benoîtons ou petits pains aux raisins

Petites boules de seigle aux raisins, les benoîtons sont particulièrement appréciés autour d'un plateau de fromages. Il en existe plusieurs variantes : les raisins peuvent être panachés avec des noisettes ou remplacés par un mélange de fruits secs.

- Dans un saladier, délayez la levure dans 10 cl d'eau tiède. Incorporez 100 g de farine de seigle. Couvrez d'un torchon humide. Laissez fermenter 1 heure 30 dans un endroit tiède (25 °C).
- Faites tremper les raisins dans un bol d'eau tiède.
- Mettez le reste de farine de seigle et la farine de blé en tas sur le plan de travail. Creusez un puits. Versez-y le reste d'eau tiède et la pâte fermentée. Mélangez du bout des doigts en incorporant peu à peu la farine. Pétrissez la pâte obtenue 5 minutes. Ajoutez le sel et les raisins secs égouttés. Continuez à pétrir 10 minutes. Ramassez la pâte en boule. Remettez-la dans le saladier. Couvrez d'un torchon humide. Laissez lever 1 heure.
- Faites retomber la pâte en la repliant plusieurs fois sur le plan de travail. Divisez-la en 12 petits pâtons. Façonnez 12 pains ronds. Déposez-les sur 2 plaques. Couvrez d'un torchon humide. Laissez lever 30 minutes.
- Préchauffez le four à 240 °C (th. 8). Au moment d'enfourner, faites une incision en croix avec des ciseaux à la surface de chaque pain. Faites cuire les benoîtons 25 minutes. Au terme de la cuisson, laissez-les refroidir sur une grille.

Conseil

Espacez suffisamment les petits pains sur chaque plaque afin qu'ils ne se touchent pas après avoir levé.

Temps de fermentation : **2 h 30**

Préparation : **45 min**

Cuisson : **50 min**

Pour 2 pains
- **500 g de farine de blé complète**
- **15 g de levure fraîche ou 1 sachet de levure sèche de boulanger (8 g)**
- **80 g de cerneaux de noix**
- **80 g de raisins de Corinthe**
- **10 g de lait en poudre**
- **30 cl d'eau tiède**
- **25 g de beurre pour les moules**
- **10 g de sel fin**

Pain aux noix et aux raisins

Pâte dense et ferme pour ce pain riche en goût qui accompagnera parfaitement les fromages à pâte persillée comme le roquefort. Vous pouvez remplacer les noix par des noisettes : ce pain sera délicieux avec de petits fromages de chèvre !

- Dans un bol, délayez la levure dans 5 cl d'eau tiède.
- Sur le plan de travail mettez la farine complète en tas. Creusez un puits. Versez-y le reste d'eau tiède, le lait en poudre et la levure dissoute. Mélangez du bout des doigts en incorporant peu à peu la farine. Pétrissez la pâte obtenue 5 minutes. Incorporez le sel puis les cerneaux de noix grossièrement concassés et les raisins. Continuez à pétrir la pâte une dizaine de minutes. Ramassez-la en boule. Mettez-la dans un saladier. Couvrez d'un torchon humide. Laissez lever 1 heure 30 dans un endroit tiède (25 °C).
- Faites retomber la pâte sur le plan de travail fariné en la repliant plusieurs fois sur elle-même. Divisez-la en 2 pâtons et façonnez 2 boudins. Couchez chacun dans un moule à pain beurré. Couvrez d'un torchon humide. Laissez lever à nouveau pendant 1 heure.
- Préchauffez le four à 240 °C (th. 8). Enfournez les pains et faites-les cuire 50 minutes. Au bout de 15 minutes, baissez la température du four à 210 °C (th. 7). Au terme de la cuisson, démoulez et laissez refroidir les pains sur une grille.

Variante

Vous pouvez aussi façonner la pâte en petits pains individuels. Laissez-les lever 30 minutes avant de les faire cuire pendant 25 minutes à 240 °C (th. 8).

Pain d'épices

Temps de repos :
1 h

Préparation :
30 min

Cuisson :
1 h 30

Pour 1 pain
- **500 g de farine de blé type 55**
- **500 g de miel liquide**
- **3 cuillerées à soupe de cassonade**
- **1 cuillerée à café de bicarbonate**
- **25 cl de lait**
- **1 orange non traitée**
- **1 cuillerée à soupe d'eau de fleur d'oranger**
- **1/2 cuillerée à café d'anis vert en poudre**
- **1/2 cuillerée à café de gingembre en poudre**
- **1/2 cuillerée à café de cannelle en poudre**
- **1/2 cuillerée à café de noix de muscade râpée**
- **1 pincée de clou de girofle en poudre**
- **1 forte pincée de sel fin**
- **15 g de beurre pour le moule**

Réalisé sans levure ni levain, ce pain-gâteau lève directement dans le four sous l'action du bicarbonate. Vous pouvez panacher farine ordinaire et farine complète mais le pain d'épices sera plus lourd.

- Versez le lait dans une casserole et ajoutez une forte pincée de sel. Portez à ébullition. Hors du feu, ajoutez le miel et délayez avec un fouet à main afin que la préparation soit parfaitement lisse.
- Dans un saladier, mélangez la farine, le bicarbonate, la cassonade et les épices. Ajoutez le zeste finement râpé de l'orange et l'eau de fleur d'oranger. Versez progressivement le lait tiédi en incorporant tous les ingrédients ensemble. Mettez la pâte obtenue dans un moule à cake beurré. Réservez durant 1 heure.
- Préchauffez le four à 130 °C (th. 4/5). Faites cuire le pain d'épices pendant 1 heure 30. Démoulez et laissez refroidir sur une grille.

Conseil

Pour un coût moindre, vous pouvez utiliser 250 g de miel et 250 g de sucre en poudre.

Les
pains
du terroir

Temps de fermentation : **4 h**

Préparation : **45 min**

Cuisson : **40 min**

Pour 2 pains

- **250 g de farine de blé type 55**
- **100 g de farine de blé complète**
- **150 g de farine de seigle**
- **15 g de levure fraîche ou 1 sachet de levure sèche de boulanger (8 g)**
- **20 cl de cidre bouché**
- **10 cl d'eau tiède**
- **10 g de sel fin**

Pain au cidre

Ce pain bien typé ne renie pas ses origines bretonnes. Avec sa saveur subtilement acidulée, il accompagne avec brio les fruits de mer, en particulier les langoustines, le homard et l'araignée, trois crustacés à la chair fine et légèrement sucrée. Appréciez-le bien frais, en grosses tranches moelleuses avec du beurre demi-sel.

Dans un saladier, délayez la levure dans 10 cl d'eau tiède. Mélangez-y 150 g de farine de blé type 55. Couvrez d'un torchon humide. Laissez fermenter 1 heure 30 dans un endroit tiède (25 °C).

Mettez alors le reste de farine de blé, la farine complète et la farine de seigle sur le plan de travail. Creusez un puits. Versez-y le cidre tiédi et la pâte fermentée. Travaillez du bout des doigts en incorporant peu à peu les farines. Pétrissez la pâte obtenue en la repliant plusieurs fois sur elle-même puis incorporez le sel. Continuez à pétrir la pâte une dizaine de minutes. Ramassez-la en boule. Mettez-la dans un saladier. Couvrez d'un linge humide. Laissez lever 1 heure 30. La pâte doit doubler de volume.

Faites retomber la pâte sur le plan de travail fariné en la repliant plusieurs fois sur elle-même. Divisez-la en 2 pâtons. Façonnez-les en boules ou en pains longs. Déposez-les sur une plaque. Couvrez d'un torchon. Laissez lever à nouveau pendant 1 heure.

Préchauffez le four à 240 °C (th. 8). Entaillez la surface des pains. Enfournez et faites cuire les pains 40 minutes. Au bout de 15 minutes de cuisson, baissez la température du four à 200 °C (th. 6/7). Au terme de la cuisson, laissez refroidir les pains sur une grille.

Conseil

Pour que la croûte du pain soit bien sèche, entrouvrez très légèrement la porte du four en fin de cuisson (maintenez la porte du four avec le manche d'une cuillère en bois).

Temps de fermentation : **3 h**

Préparation : **45 min**

Cuisson : **35 min**

Pour 2 pains

- **500 g de farine de blé type 55**
- **15 g de levure fraîche ou 1 sachet de levure sèche de boulanger (8 g)**
- **20 g de beurre ramolli**
- **20 cl d'eau**
- **10 g de sel fin**

Pain brié

D'origine normande, le pain brié était autrefois réalisé pour les marins-pêcheurs qui embarquaient en mer pour de longues semaines. En effet, avec sa mie serrée et compacte, il a l'avantage de rassir très lentement. Pour mieux l'apprécier, il convient de le couper en tranches très fines.

- Dans un bol, délayez 5 g de levure fraîche (ou 1 pincée de levure sèche) dans 5 cl d'eau tiède.
- Mettez 250 g de farine en tas sur le plan de travail. Creusez un puits. Versez-y 12 cl d'eau et la levure dissoute. Mélangez du bout des doigts en incorporant peu à peu la farine. Pétrissez la pâte obtenue. Ramassez-la en boule. Mettez-la dans un saladier. Couvrez d'un torchon humide. Laissez lever 1 heure 30 dans un endroit tiède (25 °C).
- Délayez alors le reste de levure dans 2 cuillerées à soupe d'eau tiède. Laissez reposer 10 minutes puis versez sur la pâte levée avec le reste de farine. Mélangez. Pétrissez-la sur le plan de travail 5 minutes. Incorporez enfin le sel et le beurre ramolli. Pétrissez à nouveau la pâte pendant une dizaine de minutes. Remettez-la dans le saladier. Couvrez d'un torchon humide. Laissez lever 30 minutes.
- Divisez la pâte en 2 pâtons. Façonnez 2 pains courts. Déposez-les sur une plaque. Couvrez d'un torchon humide. Laissez lever 1 heure.
- Préchauffez le four à 230 °C (th. 7/8). Entaillez la surface des pains en les marquant de longues lignes verticales, les unes à côté des autres. Enfournez et faites-les cuire 35 minutes. Au terme de la cuisson, laissez-les complètement refroidir sur une grille.

Conseil

La pâte étant très ferme, il est plus facile de la pétrir au robot à l'aide d'un crochet pétrisseur.

Temps de fermentation : **2 h 30**

Préparation : **40 min**

Cuisson : **15 min**

Pour 1 flammenküche

Pour la pâte

- 200 g de farine de blé type 55 (+ 50 g pour le travail)
- 8 g de levure fraîche ou 1/2 sachet de levure sèche de boulanger (4 g)
- 12 cl d'eau tiède
- 5 g de sel fin

Pour la garniture

- 2 gros oignons hachés
- 15 cl de crème épaisse
- 100 g de lard fumé en bâtonnets
- poivre du moulin

Flammenküche

Son nom alsacien se traduit par « gâteau à la flamme ». Traditionnellement cuite dans le four du boulanger, cette spécialité est en effet une vraie gourmandise : pâte très fine et croustillante, garniture riche et goûteuse (qui peut être allégée de fromage blanc de campagne), le tout servi brûlant. Une merveille !

- Dans un bol, délayez la levure dans 5 cl d'eau tiède.
- Mettez la farine en tas sur le plan de travail. Creusez un puits. Versez-y la levure dissoute et le reste d'eau tiède. Mélangez du bout des doigts en incorporant peu à peu la farine. Pétrissez la pâte obtenue 5 minutes. Incorporez le sel. Pétrissez encore 10 minutes environ. Ramassez la pâte en boule. Mettez-la dans un saladier. Couvrez d'un torchon humide. Laissez lever 1 heure 30 dans un endroit tiède (25 °C) : la pâte doit doubler de volume.
- Faites retomber la pâte sur le plan de travail fariné en la repliant plusieurs fois sur elle-même.
- Préchauffez le four à 240 °C (th. 8). Avec le rouleau à pâtisserie, abaissez la pâte le plus finement possible en un rectangle de la taille de la plaque de votre four. Déposez-la sur la plaque.
- Étalez la crème sur la pâte jusqu'à 1 cm des bords. Éparpillez les oignons hachés et les bâtonnets de lard fumé. Poivrez au moulin. Enfournez et laissez cuire 15 minutes. Servez brûlant à la sortie du four.

Conseil

Procédez rapidement pour garnir la pâte afin que celle-ci n'ait pas le temps de lever à nouveau.

Fouée

Temps de fermentation :
36 h pour le levain + 2 h 15 pour la pâte

Préparation :
1 h

Cuisson :
7 min par fournée

Pour 6 fouées
- 550 g de farine de blé type 55
- 60 g de farine de seigle
- 1/2 cuillerée à café de miel
- 40 cl d'eau tiède
- 15 g de levure fraîche ou 1 sachet de levure sèche de boulanger (8 g)
- 10 g de sel fin

En Touraine, la fouée – de forme ronde et plate – est traditionnellement faite avec des restes de pâte à pain. Transformez ce pain en délicieux sandwiches : encore chaud, coupez-le en deux dans l'épaisseur et garnissez-le de beurre, de pâté ou des fameuses rillettes de Tours. Un pur délice...

Préparation du levain

- Dans un saladier, délayez 5 g de levure fraîche (ou 1 pincée de levure sèche de boulanger) dans 2 cl d'eau tiède. Laissez reposer 10 minutes puis ajoutez le miel et 30 g de farine de seigle. Mélangez et couvrez d'un torchon humide. Laissez fermenter dans un endroit tiède (25 °C).
- Au bout de 24 heures, incorporez à cette petite pâte fermentée le reste de farine de seigle, 50 g de farine de blé et 5 cl d'eau tiède. Pétrissez 3 à 5 minutes. Couvrez d'un torchon humide. Laissez fermenter à nouveau 12 heures.

Préparation des fouées

- Mettez 500 g de farine sur le plan de travail. Creusez un puits. Versez-y 30 cl d'eau tiède. Mélangez du bout des doigts en incorporant peu à peu la farine. Quand la pâte obtenue est souple et lisse, incorporez le levain et le reste de levure préalablement délayée dans 3 cl d'eau tiède. Pétrissez 5 minutes avant d'ajouter le sel. Continuez à pétrir la pâte une dizaine de minutes. Ramassez en boule. Mettez-la dans un saladier. Couvrez d'un torchon humide. Laissez lever durant 1 heure 30 : la pâte doit doubler de volume.
- Faites retomber la pâte sur le plan de travail fariné en la repliant sur elle-même. Divisez-la en 6 pâtons. Façonnez-les en boules. Laissez reposer 15 minutes puis étalez chacune au rouleau à pâtisserie en galettes rondes de 5 mm d'épaisseur. Déposez-les sur un torchon fariné et couvrez-les avec un autre torchon. Laissez lever 30 minutes.
- Préchauffez le four à 300 °C (th. 10) en laissant la plaque à l'intérieur du four. Humectez légèrement cette plaque brûlante au moment d'y déposer 2 fouées. Faites-les cuire 7 minutes. Faites 2 autres fournées en procédant de la même manière.

Fouace à la fleur d'oranger

Temps de fermentation :
3 h

Préparation :
45 min

Cuisson :
25 min

Pour 2 fouaces

- **500 g de farine type 55**
- **15 g de levure fraîche ou 1 sachet de levure sèche de boulanger (8 g)**
- **2 œufs + 1 œuf pour dorer**
- **50 g de sucre en poudre**
- **150 g de beurre ramolli**
- **25 cl de lait**
- **1 cuillerée à soupe d'eau de fleur d'oranger**
- **10 g de sel fin**

À l'origine, il s'agissait d'une galette non levée cuite sous la cendre. De nos jours, elle se présente sous la forme de pain rustique légèrement brioché, salé ou sucré, et plus connu en Provence sous le nom de fougasse.

- Dans un bol, délayez la levure dans 5 cl de lait tiédi.
- Mettez la farine en tas sur le plan de travail. Creusez un puits. Versez-y le reste de lait tiédi et la levure dissoute. Délayez du bout des doigts en incorporant peu à peu la farine. Pétrissez la pâte obtenue jusqu'à ce qu'elle soit souple et lisse. Mettez-la dans un saladier. Couvrez d'un torchon humide. Laissez lever 1 heure dans un endroit tiède (25 °C).
- Remettez la pâte sur le plan de travail fariné. Incorporez 2 œufs, le sucre et le sel. Pétrissez 5 minutes. Incorporez le beurre ramolli puis l'eau de fleur d'oranger. Pétrissez encore 5 minutes. Ramassez en boule. Remettez-la dans le saladier. Couvrez d'un torchon humide. Laissez lever 1 heure 30.
- Faites retomber la pâte sur le plan de travail fariné en la repliant plusieurs fois sur elle-même. Divisez-la en 2 pâtons. Aplatissez chacun à l'aide du poing fermé et fariné en une galette épaisse. Déposez chaque fouace sur une plaque. Entaillez-les de 5 à 6 fentes. Écartez légèrement ces fentes afin de les élargir. Couvrez d'un torchon humide. Laissez lever pendant 30 minutes.
- Préchauffez le four à 230 °C (th. 7/8). Dorez les fouaces à l'œuf battu. Enfournez et faites-les cuire 25 minutes. Au terme de la cuisson, laissez refroidir sur une grille.

Conseil

Battez les œufs à la fourchette avant de les incorporer à la pâte.

Temps de fermentation : **4 h**

Préparation : **45 min**

Cuisson : **1 h**

Pour 2 pains
- 375 g de farine de châtaigne
- 650 g de farine de blé type 55 (+ 50 g pour le travail)
- 20 g de levure fraîche ou 1 sachet 1/2 de levure sèche de boulanger (12 g)
- 60 cl d'eau tiède
- 12 g de sel fin

Pain corse à la farine de châtaigne

Les spécialités corses comme le saucisson, le jambon cru ainsi que les fromages de brebis frais ou affinés sont les complices de ce pain à saveur dense. En version sucrée, il est aussi délicieux avec du beurre et du miel.

- Dans un saladier, délayez la levure dans 10 cl d'eau tiède. Ajoutez 125 g de farine de blé. Mélangez. Laissez fermenter 30 minutes dans un endroit tiède (25 °C).
- Mettez le reste de farine de blé et la farine de châtaigne en tas sur le plan de travail. Creusez un puits. Versez-y le reste d'eau tiède. Mélangez du bout des doigts en incorporant peu à peu la farine. Ajoutez la petite pâte fermentée. Pétrissez le tout 5 minutes. Incorporez le sel. Continuez à pétrir jusqu'à ce que la pâte soit souple et lisse. Formez une boule. Mettez-la dans le saladier. Couvrez d'un torchon humide. Laissez lever pendant 2 heures 30.
- Faites retomber la pâte sur le plan de travail fariné en la repliant plusieurs fois sur elle-même. Divisez-la en 2 pâtons. Façonnez 2 pains ronds. Déposez-les sur une plaque. Couvrez d'un torchon humide. Laissez lever 1 heure.
- Préchauffez le four à 240 °C (th. 8). Entaillez les pains en croix. Enfournez et faites-les cuire pendant 1 heure. Au bout de 15 minutes, baissez la température du four à 180 °C (th. 6). Au terme de la cuisson, laissez refroidir les pains sur une grille.

Variante

En fin de pétrissage, incorporez à la pâte une grosse poignée de châtaignes cuites et grossièrement hachées. Une façon simple d'agrémenter son pain.

Les pains d'ailleurs

Temps de fermentation :
2 h 30

Préparation :
45 min

Cuisson :
50 min

Pour 1 challah

- **500 g de farine de blé type 55**
- **15 g de levure fraîche ou 1 sachet de levure sèche de boulanger (8 g)**
- **30 cl d'eau tiède**
- **30 g de sucre en poudre**
- **2 cuillerées à soupe d'huile**
- **1 œuf**
- **15 g de beurre pour la plaque**
- **10 g de sel fin**
- **2 cuillerées à soupe de graines de sésame (pour la décoration)**

Challah

D'origine juive, ce pain tressé est toujours servi lors des jours de fête. Très légèrement sucrée, sa pâte rappelle celle de la brioche.

- Dans un bol, délayez la levure et le sucre dans 5 cl d'eau tiède. Laissez de côté.
- Mettez la farine en tas sur le plan de travail. Creusez un puits. Versez-y le reste d'eau tiède, l'huile, le sel et la moitié de l'œuf préalablement battu. Mélangez du bout des doigts en incorporant peu à peu la farine. Ajoutez la levure dissoute. Terminez le mélange puis pétrissez la pâte obtenue jusqu'à ce qu'elle soit souple et lisse. Ramassez-la en boule. Mettez-la dans un saladier. Huilez la surface. Couvrez d'un torchon humide. Laissez lever 1 heure 30 dans un endroit tiède (25 °C) : la pâte doit doubler de volume.
- Faites retomber la pâte sur le plan de travail fariné en la repliant plusieurs fois sur elle-même. Ramassez-la en boule. Mettez-la dans le saladier. Laisser lever 30 minutes.
- Divisez la pâte en 3 pâtons. Façonnez 3 longs boudins. Alignez-les côte à côte sur le plan de travail. Tressez-les en commençant par le milieu vers chaque extrémité. Pincez ces extrémités et repliez-les. Mettez la tresse sur une plaque beurrée. Couvrez d'un torchon humide. Laissez lever pendant 30 minutes.
- Préchauffez le four à 230 °C (th. 7/8). Dorez la surface du pain à l'œuf battu et parsemez-la de graines de sésame. Enfournez et faites cuire 50 minutes. Au bout de 15 minutes, baissez la température du four à 180 °C (th. 6). Au terme de la cuisson, laissez refroidir le pain sur une grille.

Variante

Les graines de sésame peuvent être remplacées par des graines de pavot.

Temps de fermentation : **1 h 45**

Préparation : **45 min**

Cuisson : **20 min**

Pour 10 bagels

- **500 g de farine de blé type 55**
- **15 g de levure fraîche ou 1 sachet de levure sèche de boulanger (8 g)**
- **15 cl de lait tiède**
- **10 cl d'eau tiède**
- **10 g de sucre en poudre**
- **1 œuf + 2 blancs d'œufs**
- **1 cuillerée à soupe de graines de pavot**
- **25 g de beurre pour les plaques**
- **10 g de sel**

Bagels

À New York, ce petit pain d'origine juive est particulièrement apprécié avec du saumon fumé doublé d'un peu de crème fraîche. On le trouve sous différentes versions : aux oignons, à l'ail, aux graines de sésame ou encore aux raisins secs.

- Dans un bol, délayez la levure dans 5 cl d'eau tiède. Laissez de côté.
- Mettez la farine en tas sur le plan de travail. Creusez un puits. Versez-y le lait tiédi, le reste d'eau tiède, les 2 blancs d'œufs légèrement battus, le sucre et le sel. Mélangez du bout des doigts en incorporant peu à peu la farine. Ajoutez la levure dissoute. Pétrissez la pâte obtenue 10 à 12 minutes. Ramassez-la en boule. Mettez-la dans un saladier. Couvrez d'un torchon humide. Laissez lever 1 heure 30 dans un endroit tiède (25 °C) : la pâte doit doubler de volume.
- Faites retomber la pâte sur le plan de travail fariné en la repliant plusieurs fois sur elle-même. Divisez-la en 10 petits pâtons. Façonnez chacun en boule. Faites un trou au centre de chacune. Élargissez légèrement ce trou en faisant tourner l'anneau de pâte autour de votre index. Couvrez d'un torchon humide. Laissez lever 15 minutes.
- Préchauffez le four à 210 °C (th. 7). Faites chauffer une casserole d'eau. Aux premiers frémissements, faites-y pocher les bagels deux par deux pendant 20 secondes afin qu'ils gonflent. Retirez-les au fur et à mesure avec une écumoire et déposez-les sur deux plaques beurrées. Dorez-les à l'œuf battu puis parsemez de graines de pavot. Enfournez et faites-les cuire 20 minutes. Au terme de la cuisson, laissez refroidir sur une grille.

Conseil

Surveillez de près le pochage des bagels dans l'eau à peine frémissante, jamais bouillante : sitôt gonflés, sitôt égouttés.

Pitas

Temps de fermentation : **2 h 45**

Préparation : **45 min**

Cuisson : **3 min par fournée**

Pour 12 pitas
- **500 g de farine de blé type 55**
- **1 sachet de levure sèche de boulanger (8 g)**
- **2 cuillerées à soupe d'huile d'olive**
- **30 cl d'eau tiède**
- **5 g de sel fin**

Communes à la Grèce, la Turquie et le Liban, les pitas accompagnent avec succès la cuisine colorée du Moyen-Orient. En effet, la pâte très peu salée s'accomode fort bien des mets forts et épicés. Elles sont aussi souvent proposées fendues et farcies de salade et brochettes.

- Dans un grand saladier, versez la levure dans 20 cl d'eau tiède. Laissez reposer 10 minutes. Ajoutez 100 g de farine et 1 cuillerée à soupe d'huile d'olive. Mélangez. Couvrez d'un torchon humide. Laissez fermenter 30 minutes dans un endroit tiède (25 °C).
- Ajoutez alors 10 cl d'eau tiède, le reste de farine et le sel. Mélangez le tout puis pétrissez la pâte obtenue jusqu'à ce qu'elle soit souple et lisse. Ramassez-la en boule. Enduisez-la de 1 cuillerée à soupe d'huile d'olive. Couvrez d'un torchon humide. Laissez lever 1 heure 30.
- Faites retomber la pâte sur le plan de travail fariné en la repliant plusieurs fois sur elle-même. Divisez-la en 12 pâtons. Façonnez chacun en boule. Aplatissez-les légèrement. Recouvrez d'un torchon humide et laissez lever 15 minutes.
- Avec le rouleau à pâtisserie, abaissez chaque pita en rond de 3 mm d'épaisseur. Déposez-les sur un torchon fariné et couvrez-les avec un autre torchon. Laissez lever encore 30 minutes.
- Préchauffez le four à 300 °C (th. 10) en laissant la plaque à l'intérieur du four. Aspergez la plaque d'un peu d'eau avant d'y déposer 4 pitas. Faites-les cuire 3 minutes. Faites trois autres fournées. Laissez tiédir sur une grille au fur et à mesure.

Conseil

Pour que les pitas restent souples, couvrez-les d'un torchon sec quelques minutes après leur sortie du four. Il est préférable de les servir tièdes.

Temps de fermentation : **1 h 30**

Préparation : **45 min**

Cuisson : **10 min par fournée**

Pour 12 nans

- **500 g de farine de blé type 55 ou 65**
- **1 sachet de levure sèche de boulanger (8 g)**
- **1 yaourt nature (12 cl)**
- **20 cl d'eau tiède**
- **5 g de sel fin**

Nans

En Inde, ces galettes levées accompagnent les plats en sauce et, bien sûr, l'incontournable curry. Elles peuvent être natures ou fourrées de fromage frais ou encore parfumées de grains d'anis vert. Elles sont presque toujours enduites de beurre clarifié à la sortie du four.

- Dans un bol, versez la levure dans 5 cl d'eau tiède. Laissez reposer 10 minutes.
- Mettez la farine en tas sur le plan de travail. Creusez un puits. Versez-y le reste d'eau tiède, le yaourt et le sel. Mélangez du bout des doigts. Ajoutez la levure dissoute. Amalgamez la pâte puis pétrissez-la jusqu'à ce qu'elle soit souple et lisse. Ramassez-la en boule. Mettez-la dans un saladier. Couvrez d'un torchon humide. Laissez lever durant 1 heure 30 dans un endroit tiède (25 °C).
- Préchauffez le four à 230 °C (th. 7/8). Glissez-y une plaque de cuisson.
- Faites retomber la pâte sur le plan de travail fariné en la repliant plusieurs fois sur elle-même. Divisez-la en 12 pâtons. Façonnez chacun en boule. Avec le rouleau à pâtisserie, étalez-les en galettes ovales. Déposez-en 6 sur la plaque très chaude. Enfournez et faites cuire 10 minutes. Faites une deuxième fournée avec les 6 autres galettes. Servez très chaud.

Conseil

La proportion d'eau est variable selon le degré d'absorption de la farine. Si la pâte est collante, ajoutez donc un peu de farine.

Temps de fermentation : **1 h**

Préparation : **45 min**

Cuisson : **15 min**

Pour 12 petits pains

- **500 g de farine de blé type 55**
- **90 g de sucre en poudre**
- **1 sachet de levure sèche de boulanger (8 g)**
- **10 cl d'eau**
- **1 cuillerée à soupe d'huile**
- **1 pincée de sel**

Pour la farce

- **300 g de rôti de porc cuit**
- **1 oignon**
- **1 gousse d'ail**
- **2 cuillerées à café de sauce de soja**
- **2 cuillerées à café de fécule de riz**
- **1 pincée de sucre**
- **1 cuillerée à soupe d'huile cinq-épices**

Petits pains chinois à la vapeur

C'est dans le nord de la Chine, grande région productive de blé, que l'on déguste ces petits pains à la vapeur. Le plus souvent farcis au porc, ils se dégustent bien chauds, accompagnés de sauce de soja pour relever leur pâte blanche comme neige et légèrement sucrée.

- Dans un bol, délayez le sucre et la levure dans l'eau tiède. Laissez reposer 10 minutes.
- Mettez la farine en tas sur le plan de travail. Creusez un puits. Versez-y le contenu du bol. Mélangez du bout des doigts. Ajoutez une bonne pincée de sel puis pétrissez la pâte obtenue en la repliant plusieurs fois sur elle-même jusqu'à ce qu'elle soit souple. Ramassez-la en boule. Mettez-la dans un saladier. Couvrez d'un torchon humide. Laissez lever 1 heure. Pendant ce temps, préparez la farce.
- Faites retomber la pâte sur le plan de travail fariné. Façonnez-la en un gros boudin puis coupez-le en 12 parts. Aplatissez chacune en rond. Déposez un peu de farce au centre. Ramenez les bords de la pâte et pincez-les pour bien enfermer la farce.
- Déposez ces pains farcis dans le panier d'une marmite à vapeur dont vous aurez huilé le fond. Faites-les cuire 10 à 12 minutes à la vapeur. Servez bien chaud.

Préparation de la farce

- Faites revenir l'oignon et l'ail hachés 2 minutes à la poêle dans 1 cuillerée à soupe d'huile chaude. Ajoutez le rôti de porc haché. Saupoudrez de sucre. Poursuivez la cuisson pendant 30 secondes.
- Délayez la fécule de riz dans 1 cuillerée à soupe d'eau froide. Ajoutez-la dans la poêle avec la sauce de soja et 2 pincées de cinq-épices. Faites épaissir 30 secondes en remuant puis laissez refroidir.

Pain marocain au cumin

Temps de fermentation : **3 h**

Préparation : **45 min**

Cuisson : **25 min**

Pour 1 pain
- **350 g de farine type 55**
- **200 g de semoule de blé fine**
- **1 sachet de levure sèche de boulanger (8 g)**
- **1 cuillerée à café d'huile d'olive**
- **1 petite gousse d'ail**
- **2 cuillerées à café de graines de cumin**
- **30 cl d'eau tiède**
- **10 g de sel fin**

Toujours respecté, le pain est l'un des aliments essentiels de la cuisine marocaine. S'il en existe de nombreuses variantes, il est presque toujours fait à base d'un levain (il faut penser à garder une petite boule de pâte entre chaque fournée). Mais pour la première fois, faites donc un levain rapide à base de levure.

- Dans un bol, versez 4 g de levure sèche dans 10 cl d'eau tiède. Laissez reposer 10 minutes puis mélangez-y 100 g de farine et l'huile d'olive. Ajoutez la gousse d'ail entière pelée. Couvrez d'un torchon. Laissez fermenter 1 heure dans un endroit tiède (25 °C) puis retirez la gousse d'ail.
- Dans un bol, versez le reste de levure dans 5 cl d'eau tiède. Laissez reposer 10 minutes.
- Mettez le reste de farine et la semoule en tas sur le plan de travail. Creusez un puits. Versez-y le reste d'eau tiède, la levure dissoute et la petite pâte fermentée. Mélangez puis pétrissez la pâte obtenue jusqu'à ce qu'elle soit souple et lisse. Incorporez le sel et le cumin en cours de pétrissage. Ramassez en boule. Mettez-la dans un saladier. Couvrez d'un torchon humide. Laissez lever pendant 1 heure dans un endroit tiède (25 °C).
- Faites retomber la pâte sur le plan de travail fariné en la repliant plusieurs fois sur elle-même. Façonnez-la en un pain rond et plat. Couvrez d'un torchon humide. Laissez lever durant 30 minutes.
- Préchauffez le four à 210 °C (th. 7). Au moment d'enfourner, entaillez la surface du pain en croix. Faites cuire 25 minutes. Au terme de la cuisson, laissez refroidir le pain sur une grille.

Conseil

La gousse d'ail servant à parfumer le levain est facultative.

Temps de fermentation : **2 h**

Préparation : **45 min**

Cuisson : **35 min**

Pour 2 pains

- **350 g de farine de maïs**
- **150 g de farine de blé type 55 (+ 50 g pour le travail)**
- **1 sachet de levure sèche de boulanger (8 g)**
- **30 cl d'eau tiède**
- **5 cl d'eau chaude**
- **1 cuillerée à soupe d'huile d'olive fruitée**
- **10 g de gros sel de mer**

Pain de maïs portugais

Le pain de maïs est toujours proposé en accompagnement du « caldo verde », la soupe nationale du Portugal à base de chou à peine cuit. Dans les campagnes, il faisait autrefois office de repas complet : on y glissait quelques sardines fraîches ou des rondelles de chorizo doux qui cuisaient directement dans le pain. Il était servi chaud à la sortie du four.

- Dans un bol, versez la levure dans 5 cl d'eau tiède. Laissez reposer 10 minutes.
- Dans un deuxième bol, faites fondre le gros sel dans 5 cl d'eau chaude. Laissez tiédir.
- Mettez la farine de maïs et la farine de blé en tas sur le plan de travail. Creusez un puits. Versez-y le gros sel dissous, le reste d'eau et l'huile d'olive. Mélangez du bout des doigts en incorporant peu à peu la farine. Ajoutez la levure. Amalgamez le tout. Pétrissez la pâte obtenue 10 minutes environ. Elle est assez molle. Ramassez-la en boule. Mettez-la dans un saladier. Couvrez d'un torchon humide. Laissez lever 1 heure 30 dans un endroit tiède (25 °C).
- Faites retomber la pâte sur le plan de travail fariné en la repliant plusieurs fois sur elle-même. Divisez-la en 2 pâtons. Façonnez 2 pains ronds. Déposez-les sur une plaque. Couvrez d'un torchon humide. Laissez lever 30 minutes.
- Préchauffez le four à 240 °C (th. 8). Entaillez la surface des pains. Enfournez et faites cuire 35 minutes. Au terme de la cuisson, laissez refroidir sur une grille.

Conseil

Ne confondez pas farine de maïs et semoule de maïs : la farine a une teinte jaune paille alors que la semoule est blanche.

Temps de repos :
1 h

Préparation :
45 min

Cuisson :
4 min par tortilla

Pour 12 tortillas

- **300 g de farine de maïs**
- **200 g de farine de blé type 55**
- **30 cl d'eau froide**
- **5 g de sel fin**

Tortillas

Avec elles, le dépaysement est assuré. Qu'elles soient fourrées de poulet pimenté et de haricots rouges pour les « enchiladas », frites et garnies de guacamole pour les fameux « tosdadas », les tortillas font chanter la cuisine mexicaine.

- Mettez la farine de maïs et la farine de blé en tas sur le plan de travail. Creusez un puits. Versez-y l'eau et le sel. Mélangez du bout des doigts en incorporant peu à peu la farine. Pétrissez la pâte obtenue jusqu'à ce qu'elle soit souple et lisse. Ramassez-la en boule. Mettez-la dans un saladier puis couvrez d'un torchon humide. Laissez reposer pendant 1 heure au frais.

- Divisez alors la pâte en 12 petits pâtons. Façonnez chacun en boule. Avec un rouleau à pâtisserie, étalez chacune en rond de 3 mm d'épaisseur sur le plan de travail fariné.

- Faites chauffer une poêle à revêtement anti-adhésif (ou une galettière). Faites-y cuire les tortillas 2 minutes sur chaque face. Réservez au chaud, au fur et à mesure, dans une feuille d'aluminium au four doux à 90 °C (th. 3).

Conseil

La cuisson des tortillas se fait toujours à sec, sans adjonction de matière grasse.

Foccacia

Temps de fermentation : **2 h 30**

Préparation : **45 min**

Cuisson : **20 min**

Pour 4 foccacias

- **500 g de farine type 55**
- **1 sachet de levure sèche de boulanger (8 g)**
- **15 g de sucre en poudre**
- **30 cl d'eau tiède**
- **10 g de sel fin**

Pour la garniture

- **1 oignon émincé**
- **8 tomates séchées et conservées à l'huile d'olive**
- **80 g d'olives noires**
- **1 cuillerée à soupe d'origan**
- **2 cuillerées à soupe d'huile d'olive**

Variante de la pizza, la foccacia se déguste tout comme elle à la sortie du four lorsqu'elle encore bien chaude. Les garnitures peuvent varier à l'infini mais l'huile d'olive y est omniprésente.

- Dans un bol, versez la levure dans 5 cl d'eau tiède. Laissez reposer 10 minutes.

- Mettez la farine en tas sur le plan de travail. Creusez un puits. Versez-y le reste d'eau, le sucre et le sel. Mélangez du bout des doigts en incorporant peu à peu la farine. Pétrissez la pâte obtenue 5 minutes puis ajoutez la levure dissoute. Continuez à pétrir la pâte 8 à 10 minutes. Ramassez-la en boule. Mettez-la dans un saladier. Couvrez d'un torchon humide. Laissez lever 1 heure 30 dans un endroit tiède (25 °C) : la pâte doit doubler de volume.

- Faites retomber la pâte sur le plan de travail fariné en la repliant plusieurs fois sur elle-même. Divisez-la en 4 pâtons. Façonnez chacun en boule. Laissez reposer 15 minutes puis étalez chacune en une abaisse ronde. Déposez-les sur une plaque. Couvrez d'un torchon humide. Laissez lever pendant 30 minutes.

- Badigeonnez les foccacias d'huile d'olive. Éparpillez l'oignon, les tomates séchées coupées en dés et les olives. Parsemez d'origan. Laissez lever encore 15 minutes.

- Préchauffez le four à 240 °C (th. 8). Enfournez et faites cuire les focaccias 20 minutes. À la sortie du four, arrosez chacune d'un filet d'huile d'olive et servez sans attendre.

Conseil

Si la pâte colore trop, baissez la température du four à 200 °C (th. 6/7) en fin de cuisson.

Temps de fermentation : **1 h 30**

Préparation : **45 min**

Cuisson : **1 h 15**

Pour 1 pain

- **500 g de farine de blé type 55**
- **60 g de farine de blé complète**
- **1 sachet de levure sèche de boulanger (8 g)**
- **25 cl d'eau tiède**
- **1 pincée de sucre**
- **1 pincée de sel**

Pain de Toscane

À peine salé, ce pain italien de la campagne toscane a la particularité de rassir lentement (l'absence de sel ralentit la déshydratation). Il accompagne tous les plats relevés à base d'olives, d'anchois ou de jambon cru.

- Dans un bol, versez la levure dans 5 cl d'eau tiède. Laissez reposer 10 minutes.
- Mettez la farine type 55 en tas sur le plan de travail. Creusez un puits. Versez-y la levure, le sucre et le reste d'eau tiède. Mélangez du bout des doigts. Pétrissez la pâte obtenue en y incorporant le sel et la farine complète. La pâte doit être souple et lisse en fin de pétrissage. Ramassez-la en boule. Mettez-la dans un saladier. Saupoudrez d'un peu de farine. Couvrez d'un torchon humide. Laissez lever 1 heure dans un endroit tiède (25 °C).
- Faites retomber la pâte sur le plan de travail fariné. Façonnez-la en un gros pain long. Posez-le sur une plaque. Couvrez d'un torchon humide. Laissez lever 30 minutes.
- Préchauffez le four à 200 °C (th. 6/7). Au moment d'enfourner, entaillez la surface du pain en biais. Badigeonnez d'eau tiède. Faites cuire 1 heure 15. Au terme de la cuisson, laissez refroidir le pain sur une grille.

Variante

Pour une saveur plus prononcée et une mie plus dense, ajoutez à la pâte 5 cl d'huile d'olive fruitée. La quantité de sel peut être augmentée (juqu'à 10 g). Mais il ne s'agira plus du pain de Toscane.

Scones

Préparation :
20 min

Cuisson :
12 min

Pour 15 scones

- **200 g de farine de blé complète**
- **250 g de farine de blé type 55**
- **4 cuillerées à café de « baking powder » (poudre levante anglaise)**
- **100 g de beurre (+ 20 g pour les plaques)**
- **35 cl de lait fermenté**
- **5 g de sel fin**

Typiquement anglais, les scones sont souvent servis à l'heure du thé. Dégustez-les coupés en deux et tartinés de beurre ou servis avec du fromage frais et de la confiture de fraises comme en Cornouailles. Si vous les préparez à l'avance, réchauffez-les à four doux afin de les manger tout chauds et tout moelleux.

- Préchauffez le four à 230 °C (th. 7/8).
- Dans un saladier, mélangez la « baking powder », la farine complète, la farine type 55 et le sel. Ajoutez le beurre en parcelles. Mélangez du bout des doigts afin d'obtenir un mélange sableux.
- Incorporez le lait fermenté. Terminez le mélange. Façonnez la pâte obtenue en 3 boudins à l'aide de vos mains farinées. Détaillez chaque boudin en 5 tranches. Aplatissez chacune avec le plat de la main et déposez-les sur 2 plaques beurrées. Entaillez la surface de chaque galette en croix avec une lame de couteau. Faites cuire 12 minutes au four. Servez les scones bien chauds à la sortie du four ou réchauffés.

Conseil

La « baking powder » est une poudre levante anglaise. Elle est disponible dans toutes les épiceries fines. À défaut, remplacez-la par une petite cuillerée de levure chimique doublée d'une bonne pincée de bicarbonate.

Préparation :
30 min

Cuisson :
50 min

Pour 1 pain
- **300 g de farine de blé complète**
- **200 g de farine de blé type 55**
- **1 cuillerée à café de bicarbonate**
- **1 yaourt nature (12 cl)**
- **20 cl de lait**
- **1 œuf**
- **10 g de sel fin**

Pain irlandais

Les amoureux de l'Irlande connaissent bien ce pain rustique qui a la particularité de lever directement dans le four sous l'action du bicarbonate. Celui-là même qui lui donne ce petit goût unique tout à fait caractéristique. Savourez-le encore tiède en tranches épaisses (elles ont tendance à se défaire) avec du beurre salé.

- Dans un saladier, mélangez la farine complète, la farine type 55, le bicarbonate et le sel.
- Dans une terrine, fouettez l'œuf avec le yaourt et le lait. Versez cette préparation sur les ingrédients secs et mélangez jusqu'à obtention d'une pâte bien homogène. Plus la pâte sera pétrie, plus le pain sera léger mais cette pâte est lourde. Formez une boule.
- Préchauffez le four à 200 °C (th. 6/7). Glissez-y une cocotte en fonte et laissez-la chauffer à vide 15 minutes.
- Placez la pâte dans la cocotte brûlante. Entaillez la surface du pain profondément en croix. Couvrez la cocotte et remettez-la dans le four. Laissez cuire 40 minutes.
- Sortez le pain de la cocotte. Déposez-le sur une plaque. Faites-le dorer encore 15 minutes au four puis laissez refroidir sur une grille.

Conseil

Choisissez une farine complète à mouture grossière afin de savourer pleinement le goût du grain de blé.

Pain complet norvégien

Temps de fermentation :
4 h 30

Préparation :
45 min

Cuisson :
1 h

Pour 2 pains
- 1 kg de farine de blé type 55
- 450 g de farine de blé complète
- 25 g de levure fraîche ou 2 sachets de levure sèche de boulanger (16 g)
- 1 litre d'eau tiède
- 20 g de gros sel

Ma mère est norvégienne, elle fabrique son pain depuis toujours. Parfois, elle remplace la farine de blé complète par de la farine de seigle. Elle en réalise toujours deux à la fois car son pain est si bon que nous en mangeons à tous les repas et qu'il n'y en a jamais assez.

- Dans un bol, délayez la levure dans 10 cl d'eau tiède. Dans un deuxième bol, faites fondre le gros sel dans 10 cl d'eau tiède.
- Mettez 800 g de farine type 55 et 400 g de farine complète en tas sur le plan de travail. Creusez un puits. Versez-y la levure, le reste d'eau et le sel dissous. Mélangez du bout des doigts en incorporant peu à peu les farines. Pétrissez la pâte obtenue jusqu'à ce qu'elle soit souple. Ramassez-la en boule. Mettez-la dans un saladier. Saupoudrez du reste de farine complète. Couvrez d'un torchon humide. Laissez lever 3 heures à température ambiante (20 °C).
- Faites retomber la pâte sur le plan de travail fariné en y incorporant le reste de farine type 55. Divisez-la en deux. Façonnez 2 boudins. Mettez chacun dans un moule à pain beurré. Couvrez d'un torchon humide. Laissez lever à nouveau pendant 1 heure 30 à 2 heures. La pâte doit entièrement remplir chaque moule.
- Préchauffez le four à 240 °C (th. 8). Enfournez et faites cuire les pains 1 heure. Au bout de 15 minutes, baissez la température du four à 160 °C (th. 5/6).
- Au terme de la cuisson, démoulez les pains sur une grille et laissez refroidir.

Conseil

Si la pâte lève trop dans les moules et qu'elle déborde, coupez l'excédent avec des ciseaux de cuisine avant d'enfourner.

Temps de fermentation : **4 h**

Préparation : **45 min**

Cuisson : **35 min**

Pour 1 pain

- **240 g de farine de blé type 55**
- **270 g de farine de blé complète**
- **40 cl de lait fermenté**
- **15 g de levure fraîche ou 1 sachet de levure sèche de boulanger (8 g)**
- **20 g de beurre fondu**
- **10 g de sel fin**

Pain suédois

Grâce aux ferments apportés par le lait, le pain suédois est à la fois dense et léger. Pour une saveur bien affirmée, préférez une farine complète à mouture grossière et dégustez-le encore tiède avec du beurre demi-sel : un pur moment de bonheur !

- Faites tiédir le lait fermenté. Versez-le dans un grand saladier. Délayez-y la levure. Ajoutez les deux farines, le beurre fondu puis le sel. Mélangez et pétrissez la pâte obtenue jusqu'à ce qu'elle soit souple et élastique. Ramassez-la en boule. Saupoudrez de farine. Couvrez d'un torchon. Laissez lever 3 heures à température ambiante (20 °C).
- Faite retomber la pâte sur le plan de travail fariné. Étalez-la avec la paume de la main en la plaçant dans un moule rectangulaire haut de 5 cm et soigneusement beurré. Couvrez d'un torchon humide. Laissez lever 1 heure.
- Préchauffez le four à 210 °C (th. 7). Un quart d'heure avant d'enfourner, prédécoupez le pain avec la lame d'un couteau en faisant des rectangles de 5 cm sur 3 cm. Ces entailles permettent de découper le pain facilement à la main. Faites cuire le pain 35 minutes. Au terme de la cuisson, démoulez et laissez refroidir sur une grille.

Conseil

Comme en Scandinavie, mesurez la farine avec un décilitre. Comptez alors 4 dl de farine de blé type 55 pour 5 dl de farine complète.

Les pains tout fous

Couronne de la mariée

Temps de fermentation :
2 h 30

Préparation :
45 min

Cuisson :
50 min

Pour 1 couronne

- **500 g de farine de blé type 55**
- **200 g de dragées aux amandes**
- **15 g de levure fraîche ou 1 sachet de levure sèche de boulanger (8 g)**
- **30 cl d'eau tiède**
- **20 g de sucre en poudre**
- **2 cuillerées à soupe d'huile**
- **1 œuf**
- **15 g de beurre pour la plaque**
- **10 g de sel fin**

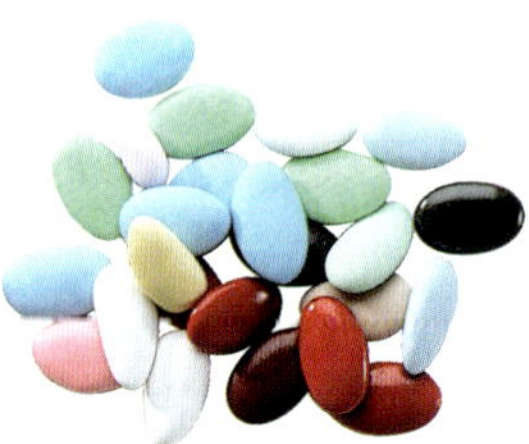

Pour un mariage, une communion, un baptême ou tout autre événement à fêter, les gourmands ne résisteront pas à cette couronne aux dragées. Vous pourrez l'agrémenter de quelques fleurs d'oranger.

- Concassez grossièrement les dragées à l'aide d'un rouleau à pâtisserie.
- Dans un bol, délayez la levure et le sucre dans 5 cl d'eau tiède. Laissez de côté.
- Mettez la farine en tas sur le plan de travail. Creusez un puits. Versez-y le reste d'eau tiède, l'huile, le sel et la moitié de l'œuf préalablement battu. Mélangez du bout des doigts en incorporant peu à peu la farine. Ajoutez la levure dissoute puis 150 g de dragées. Terminez le mélange. Pétrissez la pâte obtenue jusqu'à ce qu'elle soit souple et lisse. Ramassez-la en boule. Mettez-la dans un saladier. Huilez la surface. Couvrez d'un torchon humide. Laissez lever 1 heure 30 dans un endroit tiède (25 °C) : la pâte doit doubler de volume.
- Faites retomber la pâte sur le plan de travail fariné en la repliant plusieurs fois sur elle-même. Ramassez-la en boule. Mettez-la dans le saladier. Laisser lever 30 minutes.
- Divisez la pâte en 2 pâtons. Façonnez 2 longs boudins. Alignez-les côte à côte sur le plan de travail. Tressez-les puis formez une couronne. Déposez-la sur sur une plaque beurrée. Couvrez d'un torchon humide. Laissez lever 30 minutes.
- Préchauffez le four à 230 °C (th. 7/8). Dorez la surface de la couronne à l'œuf battu et parsemez-la de quelques dragées. Enfournez et faites cuire 50 minutes. Au bout de 15 minutes, baissez la température du four à 180 °C (th. 6). Au terme de la cuisson, laissez refroidir la couronne sur une grille.

Conseil

Achetez des dragées de bonne qualité. Pour concasser facilement les dragées, placez-les dans un torchon.

Masques africains

Temps de fermentation : **1 h 45**

Préparation : **1 h**

Cuisson : **30 min**

Pour 2 masques

- **500 g de farine de blé type 55**
- **1 sachet de levure sèche de boulanger (8 g)**
- **30 cl d'eau tiède**
- **10 g de sel**

Pour le décor

- **1 cuillerée à soupe de café soluble**
- **3 jaunes d'œufs**

Place à l'imagination pour ces masques qui raviront petits et grands. Les décors peuvent changer à l'infini mais sachez que les traits des yeux, du nez et de la bouche sont toujours un peu grossiers. La pâte étant élastique, elle continue à lever au fur et à mesure que vous créez ces masques uniques et éphémères.

- Dans un bol, délayez la levure dans 2 cuillerées à soupe d'eau tiède. Laissez de côté.
- Mettez la farine en tas sur le plan de travail. Creusez un puits. Versez-y le reste d'eau tiède. Mélangez du bout des doigts en incorporant peu à peu la farine. Ajoutez la levure. Pétrissez 5 minutes. Ajoutez le sel. Continuez à pétrir la pâte jusqu'à ce qu'elle soit souple et lisse. Ramassez en boule. Mettez-la dans un saladier. Couvrez d'un torchon humide. Laissez lever 1 heure 30 environ dans un endroit tiède (25 °C) : la pâte doit doubler de volume.
- Faites retomber la pâte sur le plan de travail fariné en la repliant plusieurs fois sur elle-même. Divisez-la en 2 pâtons. Laissez reposer 15 minutes.
- Préchauffez le four à 240 °C (th. 8). Aplatissez chaque pâton en forme de masque ovale. Déposez-les sur une plaque. Découpez à l'aide de ciseaux les yeux, le nez et la bouche. Rapidement, entourez à l'aide d'un pinceau le tour des yeux, du nez et de la bouche avec 1 jaune d'œuf dans lequel vous aurez délayé le café soluble. Dorez le reste de la surface des masques avec les jaunes d'œufs restants. Enfournez et faites cuire ces masques pendant 20 minutes puis laissez-les refroidir sur une grille.

Conseil

Pour que les masques soient légèrement incurvés, déposez-les sur un morceau de tuile provençale (une tuile cassée convient) que vous enfournerez directement.

Étoile au sésame

Temps de fermentation : **2 h**

Préparation : **45 min**

Cuisson : **35 min**

Pour 1 étoile

- **500 g de farine de blé type 55**
- **15 g de levure fraîche ou 1 sachet de levure sèche de boulanger (8 g)**
- **30 cl d'eau tiède**
- **20 g de graines de sésame**
- **10 g de sel**

Tel un artiste, donnez au pain la forme que vous voulez. En laissant les boules bien rondes et en les plaçant en couronne, vous obtiendrez une marguerite.

- Dans un bol, délayez la levure dans 2 cuillerées à soupe d'eau tiède. Laissez de côté.

- Mettez la farine en tas sur le plan de travail. Creusez un puits. Versez-y le reste d'eau tiède. Mélangez du bout des doigts en incorporant peu à peu la farine. Ajoutez la levure. Pétrissez 5 minutes. Ajoutez le sel. Continuez à pétrir la pâte jusqu'à ce qu'elle soit souple. Ramassez en boule. Mettez-la dans un saladier. Couvrez d'un torchon humide. Laissez lever 1 heure 30 environ dans un endroit tiède (25 °C) : la pâte doit doubler de volume.

- Faites retomber la pâte sur le plan de travail fariné. Divisez-la en 7 pâtons. Façonnez chacun en boule. Déposez-en une au centre d'une plaque. Allongez légèrement les 6 autres boules puis disposez-les tout autour en couronne en les espaçant légèrement (elles vont se souder entre elles en levant). Couvrez d'un torchon humide. Laissez lever 30 minutes.

- Préchauffez le four à 240 °C (th. 8). Humectez d'eau le dessus des boules à l'aide d'un pinceau et parsemez-les de graines de sésame. Enfournez et faites cuire 35 minutes. Au terme de la cuisson, laissez refroidir sur une grille.

Variante

Les graines de sésame peuvent être remplacées par des graines de pavot.

Temps de fermentation : **2 h**

Préparation : **45 min**

Cuisson : **40 min**

Pour 1 bonhomme

- **500 g de farine de blé type 55**
- **1 sachet de levure sèche de boulanger (8 g)**
- **30 cl d'eau tiède**
- **10 g de sel**
- **2 jaunes d'œufs**

Bonhomme de pain

Faute de neige, faites un bonhomme de pain qui ravira petits et grands. N'hésitez pas à organiser un concours du plus beau bonhomme en mettant à la disposition de chacun un paquet de farine, un sachet de levure, un peu de sel et d'eau tiède. La bonne humeur est garantie pour la journée !

- Dans un bol, délayez la levure dans 2 cuillerées à soupe d'eau tiède. Laissez de côté.
- Mettez la farine en tas sur le plan de travail. Creusez un puits. Versez-y le reste d'eau tiède. Mélangez du bout des doigts en incorporant peu à peu la farine. Ajoutez la levure. Pétrissez 5 minutes. Ajoutez le sel. Continuez à pétrir la pâte jusqu'à ce qu'elle soit souple et lisse. Ramassez en boule. Mettez-la dans un saladier. Couvrez d'un torchon humide. Laissez lever 1 heure 30 environ dans un endroit tiède (25 °C) : la pâte doit doubler de volume.
- Préchauffez le four à 240 °C (th. 8). Faites retomber la pâte sur le plan de travail fariné. Façonnez une première boule pour faire la tête. Faites une boule plus grosse pour le corps. Déposez tête et corps sur une plaque pour former votre bonhomme. Soudez les deux parties en les humidifiant puis aplatissez-les avec le plat de la main. Couvrez d'un torchon humide. Laissez lever 30 minutes. Dessinez alors les yeux, le nez et la bouche avec le côté non tranchant d'un couteau. Dorez toute la surface du bonhomme avec les jaunes d'œufs. Faites cuire 40 minutes au four. À mi-cuisson, baissez la température du four à 210 °C (th. 7). Au terme de la cuisson, laissez refroidir sur une grille.

Variante

Selon votre inspiration et votre talent, vous pouvez lui ajouter des bras et des jambes ainsi que des cheveux réalisés avec des pétales de maïs ou des flocons d'avoine. Des raisins secs seront les bienvenus pour faire ressortir les yeux et trois cerises confites lui feront une belle bouche.

Temps de fermentation : **2 h**

Préparation : **40 min**

Cuisson : **25 min**

Pour 8 petites mains

- **500 g de farine de blé type 55**
- **1 sachet de levure sèche de boulanger (8 g)**
- **30 cl d'eau tiède**
- **10 g de sel**
- **2 jaunes d'œufs**

Petites mains

Pour occuper les petites mains de vos enfants, laissez-les réaliser ces drôles de pains aux formes de leurs mains. Un peu de confiture de fraises ou de chocolat fondu sur le bout des doigts ravira tous les jeunes gourmands.

- Dans un bol, délayez la levure dans 2 cuillerées à soupe d'eau tiède. Laissez de côté.
- Mettez la farine en tas sur le plan de travail. Creusez un puits. Versez-y le reste d'eau tiède. Mélangez du bout des doigts en incorporant peu à peu la farine. Ajoutez la levure. Pétrissez 5 minutes. Ajoutez le sel. Continuez à pétrir la pâte jusqu'à ce qu'elle soit souple et lisse. Ramassez en boule. Mettez-la dans un saladier. Couvrez d'un torchon humide. Laissez lever 1 heure 30 environ dans un endroit tiède (25 °C) : la pâte doit doubler de volume.
- Préchauffez le four à 240 °C (th. 8). Faites retomber la pâte sur le plan de travail fariné. Divisez-la en 8 pâtons. Aplatissez chacun au rouleau à pâtisserie. Découpez la forme d'une petite main dans chaque abaisse. Déposez ces petites mains sur une plaque. Couvrez d'un torchon humide. Laissez lever 30 minutes. Dorez la surface au jaune d'œuf. Enfournez et faites cuire ces petites mains 20 minutes. Au terme de la cuisson, laissez refroidir sur une grille.

Conseil

Pour découper les petites mains dans la pâte, faites d'abord un patron en carton et utilisez de préférence un cutter.

Temps de fermentation : **2 h**

Préparation : **45 min**

Cuisson : **35 min**

Pour 1 grappe

- **500 g de farine de blé type 55**
- **1 sachet de levure sèche de boulanger (8 g)**
- **30 cl d'eau tiède**
- **10 g de sel**

Pour la pâte à décor

- **125 g de farine de blé type 55 (+ 25 g)**
- **15 g de beurre fondu**
- **5 cl d'eau tiède**
- **1 pincée de sel**

Grappe de raisins

Une bien jolie idée pour ce pain très facile à réaliser. La feuille de la grappe est faite dans une pâte à décor pour pain. Vous pouvez sans problème la préparer à l'avance et la réserver 24 heures au réfrigérateur ou plusieurs semaines au congélateur. Ainsi, vous aurez à disposition de la pâte pour garnir vos pains de fleurs, d'épis de blé, de cœurs ou d'inscriptions diverses.

- Dans un bol, délayez la levure dans 2 cuillerées à soupe d'eau tiède. Laissez de côté.
- Mettez la farine en tas sur le plan de travail. Creusez un puits. Versez-y le reste d'eau tiède. Mélangez du bout des doigts en incorporant peu à peu la farine. Ajoutez la levure. Pétrissez 5 minutes. Ajoutez le sel. Continuez à pétrir la pâte jusqu'à ce qu'elle soit souple. Ramassez en boule. Mettez-la dans un saladier. Couvrez d'un torchon humide. Laissez lever 1 heure 30 environ dans un endroit tiède (25 °C) : la pâte doit doubler de volume.
- Faites retomber la pâte sur le plan de travail fariné. Divisez-la en petits pâtons. Façonnez chacun en boule. Déposez-les sur une plaque en formant une grappe de raisins et en les espaçant légèrement (elles vont se souder entre elles en levant). Couvrez d'un torchon humide. Laissez lever 30 minutes. Profitez-en pour préparer la pâte à décor.

Préparation de la pâte à décor et cuisson

- Mélangez 125 g de farine, 5 cl d'eau, 15 g de beurre fondu et 1 pincée de sel. Pétrissez cette pâte jusqu'à ce qu'elle soit souple puis étalez-la sur le plan de travail fariné. Découpez une feuille de vigne. Dessinez des rainures avec la pointe d'un couteau. Collez cette feuille en haut de la grappe avec un peu d'eau.
- Préchauffez le four à 240 °C (th. 8). Humectez d'eau le dessus des boules à l'aide d'un pinceau. Saupoudrez-les de farine tamisée à travers une passoire fine. Enfournez et faites cuire 35 minutes. Au terme de la cuisson, laissez refroidir sur une grille.

Temps de fermentation :
1 h 45

Préparation :
45 min

Cuisson :
40 min

Pour 1 pain
- **350 g de farine de blé type 55**
- **50 g de farine de seigle (+ 1 cuillerée à soupe)**
- **15 g de levure fraîche ou 1 sachet de levure sèche de boulanger (8 g)**
- **15 cl d'eau tiède**
- **15 cl de bière tiède**
- **5 g de sel**

Pain tigre

On l'appelle ainsi à cause de son aspect tigré. Il est réalisé avec une pâte à base de farine de seigle et de bière. Ce pain n'est pas seulement original, il est aussi délicieux pour accompagner les soupes, les gratins de légumes et les fromages alsaciens ou hollandais.

- Dans un bol, délayez 10 g de levure fraîche (ou 4 g de levure sèche) dans 2 cuillerées à soupe d'eau tiède. Laissez de côté.
- Mettez 250 g de farine de blé en tas sur le plan de travail. Creusez un puits. Versez-y le reste d'eau tiède. Mélangez du bout des doigts en incorporant peu à peu la farine. Ajoutez la levure. Pétrissez 5 minutes. Ajoutez le sel. Continuez à pétrir la pâte jusqu'à ce qu'elle soit souple et lisse. Ramassez en boule. Mettez-la dans un saladier. Couvrez d'un linge humide. Laissez lever 1 heure 30 environ dans un endroit tiède (25 °C) : la pâte doit doubler de volume.
- Faites retomber la pâte sur le plan de travail fariné. Façonnez-la en un pain long. Déposez-le sur une plaque.
- Préchauffez le four à 240 °C (th. 8). Dans une terrine, délayez le reste de levure dans la bière tiédie. Incorporez la farine de seigle et le reste de farine de blé. Mélangez afin d'obtenir une pâte crémeuse. Laissez lever durant 15 minutes dans un endroit tiède (25 °C) puis tartinez le pâton de cette préparation. Saupoudrez de 1 cuillerée à soupe de farine de seigle tamisée à travers une passoire fine. Enfournez et faites cuire le pain 40 minutes. Au terme de la cuisson, laissez refroidir sur une grille.

Conseil

Il est important que la pâte à base de bière ne soit pas trop coulante afin d'en enduire le pâton. Au besoin, rajoutez de la farine.

Temps de fermentation : **2 h**

Préparation : **45 min**

Cuisson : **45 min**

Pour 1 pain
- **500 g de farine de blé type 55**
- **1 sachet de levure sèche de boulanger (8 g)**
- **30 cl d'eau tiède**
- **10 g de sel**

Pour la pâte à décor
- **250 g de farine de blé type 55**
- **25 g de beurre fondu**
- **10 cl d'eau tiède**
- **5 g de sel**
- **1 jaune d'œuf**

Pain soleil

Toutes les fantaisies sont permises avec ce pain en forme de soleil. Vous pouvez aussi lui confectionner une bouche et des yeux avec la pâte à décor ou colorer ses rayons avec du jaune d'œuf dans lequel vous aurez délayé une pointe de curcuma ou de safran.

- Dans un bol, délayez la levure dans 2 cuillerées à soupe d'eau tiède. Laissez de côté.
- Mettez la farine en tas sur le plan de travail. Creusez un puits. Versez-y le reste d'eau tiède. Mélangez du bout des doigts en incorporant peu à peu la farine. Ajoutez la levure. Pétrissez 5 minutes. Ajoutez le sel. Continuez à pétrir la pâte jusqu'à ce qu'elle soit souple. Ramassez en boule. Mettez-la dans un saladier. Couvrez d'un torchon humide. Laissez lever 1 heure 30 environ dans un endroit tiède (25 °C) : la pâte doit doubler de volume.
- Faites retomber la pâte sur le plan de travail fariné. Façonnez-la en un pain rond et plat. Déposez-le sur une plaque. Laissez lever pendant 30 minutes. Profitez-en pour préparer la pâte à décor.

Préparation de la pâte à décor et cuisson

- Mélangez 250 g de farine, 10 cl d'eau, 25 g de beurre fondu et 5 g de sel. Pétrissez cette pâte jusqu'à ce qu'elle soit souple puis divisez-la en 12 petits pâtons. Façonnez-les en longs boudins. Disposez-les sur le pain comme les rayons du soleil en les collant avec un peu d'eau.
- Préchauffez le four à 240 °C (th. 8). Dorez les rayons de pâte au jaune d'œuf. Enfournez et faites cuire le pain durant 45 minutes. Au bout de 15 minutes, baissez la température du four à 200 °C (th. 6/7). Au terme de la cuisson, laissez refroidir le pain sur une grille.

Conseil

Avec la pâte à décor pour pain, faites des boudins de longueurs différentes afin de représenter les rayons du soleil.

Index

Dans la collection **DÉCOUVRIR ET RÉUSSIR**

JARDIN

Les Agrumes • La Vigne • Les Bambous • Les Fruits exotiques • Les Plantes grimpantes • Les Plantes aromatiques • Les Orchidées • Les Bonsaïs • Les Cactées et succulentes • Les Oliviers • Les Plantes de bassin • Roses et rosiers • Les Plantes de rocaille • Les Dahlias • Les Vivaces

CUISINE

La Petite Charcuterie maison • Faire ses pains • Cuisiner les pommes de terre • Les Confitures des 4 saisons • Cuisiner la tomate • La Cuisine des fruits • Compotes et Coulis • Salades des 4 saisons

Crédits photographiques

Toutes les photos sont de Rustica et Christian Hochet/Rustica,
sauf : p. 59 : Dominique Azambre/Option Photo ;
p. 69 : Guy Felix/Option Photo ; p. 70 : Guy Felix/Option Photo ;
pp. 82-83 : Denis Amon/Sucré Salé ; p. 87 : H et M/Sucré Salé ;
p. 91 : Cardoche/Option Photo.

Photos de couverture :
Première de couverture : François Bertram.
Quatrième de couverture : Christian Hochet/Rustica.

Conception graphique : Sebastian Mendoza/Rustica.
Mise en pages : Paul-Raymond Cohen.
Conception et réalisation graphique de la couverture : Solenne Siben.
Photogravure : Chesteroc.

Achevé d'imprimer en France
par l'imprimerie PPO Graphic, 93500 Pantin, en janvier 2006